なぞり書きで脳を活性化

知る人ぞ知る方言漢字128

笹原宏之 編著

大修館書店

序文

　自分の手にペンをもって文字を書くことは、心身への刺激になるばかりでなく、過去の人が作った字について考える知的な営みともなります。手書きをすることは、指先だけでなく脳へのよい刺激にもなり、文章力まで高まるという研究も京都大学の方々によって公表されています。前著『なぞり書きで脳を活性化 画数が夥《おびただ》しい漢字121』は、『大漢和辞典』から特に画数の多い漢字を抜き出して手書きをするもので、類書のない珍しい中身をもつ一冊となりましたが、幸いにして好評をもって世に迎えられました。

　前著で示した、日常生活の中で手書きを行うことの意義と効果をさらに広げるために、続編として本書が企画されました。今回の手書きの対象は「方言漢字」です。折しも稿者の編著である『方言漢字事典』（研究社、二〇一三）が広く世に受け入れられ、作家の宮部みゆきさんにも読売新聞で書評をいただきました。方言漢字とは何らかの地域性を帯びた漢字のことで、地域漢字ともいいます。漢字は各地で使用されるうちに、その土地に合わせて字種、字体、字音、字義（用法）、使用頻度など、それぞれのレベルで大なり小なり地域色が生じるものなのです。

　本書では、各県を代表する方言漢字の中でも、『大漢和辞典』に収められた字種の中で、方言漢字性の高い文字を選りすぐり、一つの都道府県につき二字以上として計一二八字を提示します。字種、用法のレベルで典型的で主要なものを選びました。県をまたいで使用されている「圷」（31㌻）「阜」（70㌻）「阪」（85㌻）などの字は、一つの県に代表させて示し、相互参照できるようにしています。これらの方言漢字を実際に手書きしながら、その土地のことば、産物、風景を思い描いてみましょう。日本の多様な郷里の情景が見えてくるはずです。

　方言漢字というと、その地方で作られた国字（日本製漢字）のことと直感的に思ってしまう人がいますが、そうとは限らず、「方言」や俚言《りげん》（俗語や地方特有の単語）、訛語《かご》（なまった言葉）の在り方と同様に考えることが大切です。例えば、「汐」（67㌻）はシオの意（音《おん》はセキ）で全国で使われる漢字ですが、信州の南部では「堰《せき》」の略字として多用され、読み方も「せき」、時に「せぎ」と訛《なま》り、用法に濃厚な地域性をもつ字なのです。内陸部では海の「潮汐《ちょうせき》」がないことからこの字があまり知られず、忘れられたり等閑視されたりし、ふだん使われずに「ヒマ」な漢字だったため、「方言漢字」になったのです。

　また、方言漢字は日本国内の一カ所でしか使われていない字、というイメージをもたれやすいのですが、方言の単語に東北と九州で一致するような周圏分布が知られるように、漢字にも「袰《ほろ》」（13㌻）のように東北と九州で同様の意味で使われている字があるのです。「袰」は中世に政治的・文化的な中央部である近畿地方で、辞書に現れた合字でした。漢字で「幌《ほろ》」とも書かれる語です。

　これまでの方言漢字に関する研究を見てみると、かつて宝月圭吾・所三男・児玉幸多編『具体例による歴史研究法』（吉川弘文館、一九六〇）において、方言漢字の類を全国に募集したことがありましたが、残念なことに成果が公開されることはありませんでした。また、浅井潤子「近世地方文書用字考」（『史料館研究紀要』16、一九八四）は、「せがれ」は特に信州の文書に「躮」という国字で書かれることが多いと指摘しています。むろん他の地でも使われていましたが、こうした地域ごとの使用頻度の違いも注目していくべきでしょう。他にも例えば、魚名で「魟」などの方言漢字が各地の文書に記されていたことも一部で報告されていましたが、伝承が絶たれて読めなくなってしまっているのが現実です。

　近年、地域色の濃い漢字に対する研究が広まりつつあります。例えば、茂木俊伸「空から漢字を調査する―景観文字としての「圣」の研究―」(『国語国文学研究』55、pp.1―14、熊本大学文学部国語国文学会、二〇二〇)は、地域性をもつ字体の研究に航空写真を使うという手法を編み出し、駆使しました。井上史雄・包聯群「方言表記と漢字の六書」と井上史雄「方言みやげの表記：カナ・漢字からアルファベットへ」(『静言論叢』7　二〇二四)は、文字学や社会言語学の方法で地域色をもつ漢字・表記を分析する他、近世期の山形の庄内方言による会話文についても紹介しており、琉球《りゅうきゅう》王朝の『おもろそうし』の他にも、口頭言語に対する体系性をもった表記があったことを示しています。

　『大漢和辞典』は、そうした方言漢字も結構拾い上げています。特に二〇〇〇年に刊行された補巻で大幅に採用しました。実はその七年ほど前、私はJIS漢字の「幽霊文字」の候補に対して用例などを調べ考察し、近代語研究会で発表するレジュメを、早稲田大学の先生と神田にあった大修館書店に赴き、編集長の方にお渡ししていました。補巻にはそれを資料として参照してくれたと見られる記述もあります。その後に研究して新たに分かったことまで、この本でさらに記述できたことを嬉しく思います。

　方言漢字からは、私もたくさんのことを学び、考えました。そして多くの皆様にその存在と意義まで教えていただきました。その主なポイントを記したコラム「ささひろポイント」「ワンポイント」をすべての字に添えましたので、手書きをなさる前後にぜひお読み下さい。『大漢和辞典』や『方言漢字事典』に補える点や、すでに記述されていても強調すべき点について簡潔に書き込んでいます。特に『方言漢字事典』に取り上げた字の詳細に関しては、そちらを参照していただくことを期し、本書にはなるべく新たな独自の情報を盛り込むことを心がけました。方言漢字はいずれもその土地の文化の中で育まれ、様々な用途、場面で人々に愛用されてきた漢字なので、その地の風物を描く連歌や俳句などで利用された例についてもふれています。

　昨今、日常では活字や電子文字が増えつつありますが、生活の中に生きる紙に書かれた漢字には、人の温もりが感じられます。それは、漢字という文字はやはり先人たちが書くことによって生み出し、形を変えてきたものだからなのでしょう。文字は人とともにあり、人とともに成長し、変身もするのです。

　手書きでは、明朝体とは異なる書き方が慣習として存在し、それらは国語政策でも認められています。例えば、「彅」(20ページ)「椾」(26ページ)の「月」を「月」のように書く字形がそれで、こうしたことも「ささひろポイント」に書き込みました。巻末にも手書きのポイントが掲げてあります。

　なお、地名や姓の現在の所在については、主に『角川日本地名大辞典』『平凡社日本歴史地名大系』、「稀少地名漢字リスト」http://pyrite.s54.xrea.com/timei/、『日本姓氏語源辞典』https://name-power.net/・書籍版を参照しました。

　読者の皆様にも、手書きをしながら思い当たった地元の方言漢字の実際の姿や振る舞いの様子について、ご存じのことを教えていただければ幸いです。

笹原宏之

目次

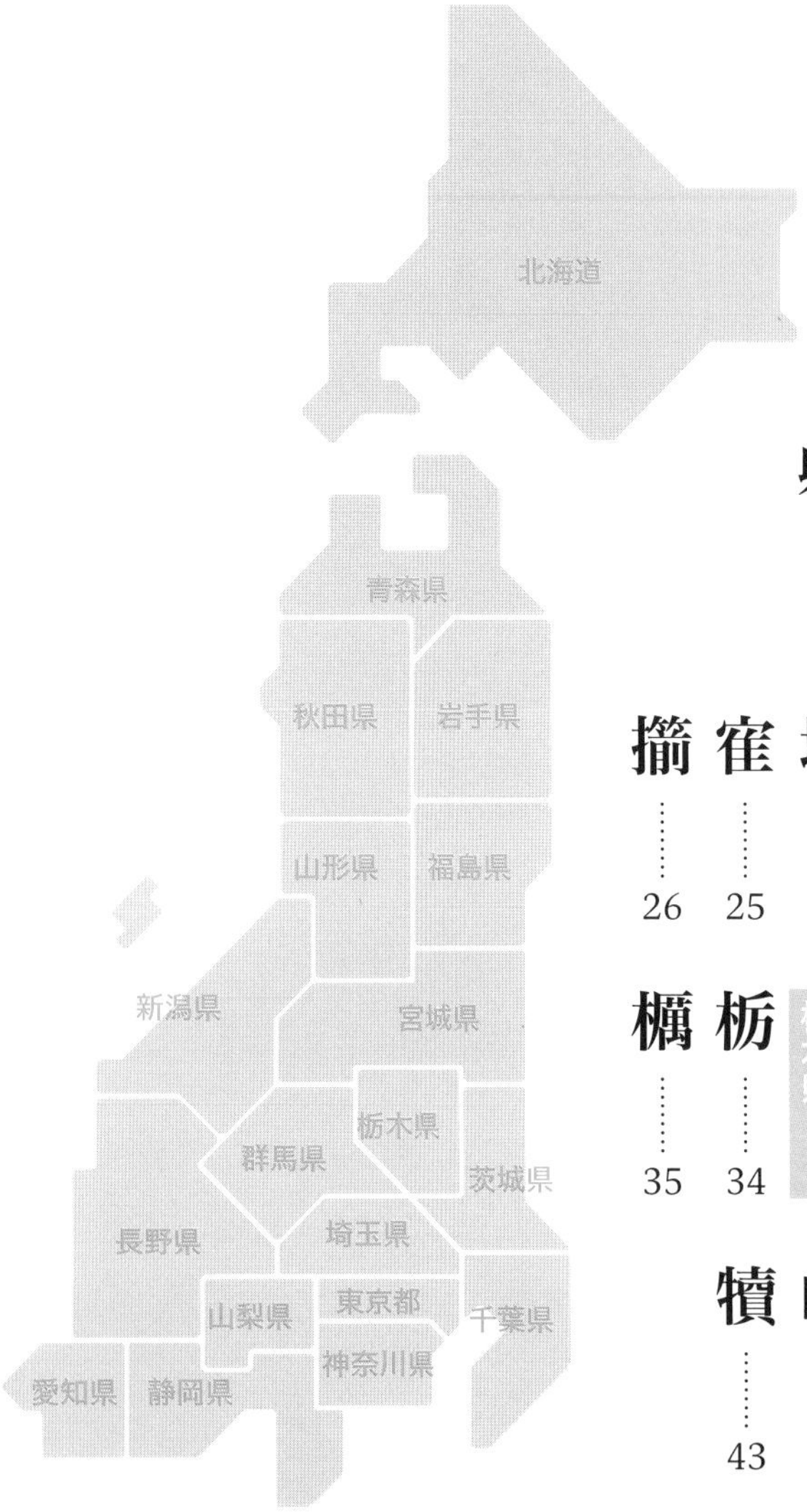

北海道
青森県
秋田県
岩手県
山形県
福島県
新潟県
宮城県
栃木県
群馬県
茨城県
長野県
埼玉県
山梨県
東京都
千葉県
神奈川県
愛知県
静岡県

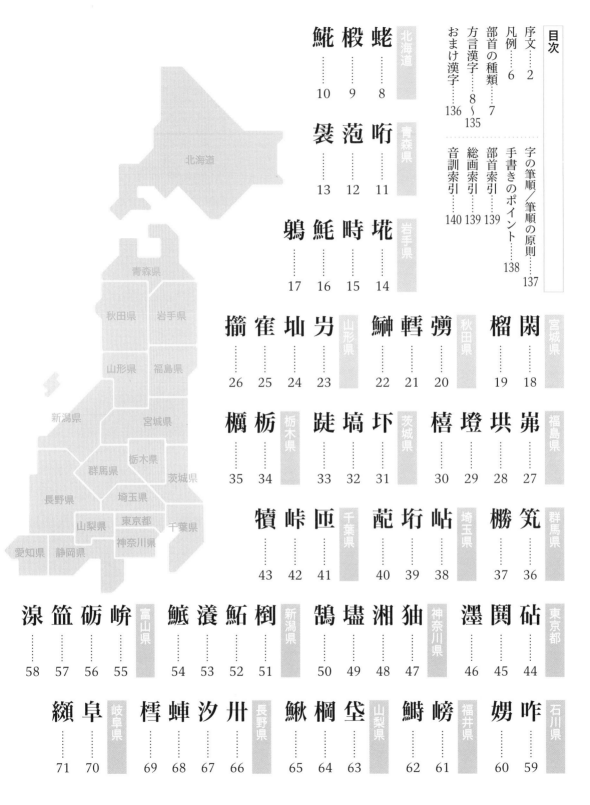

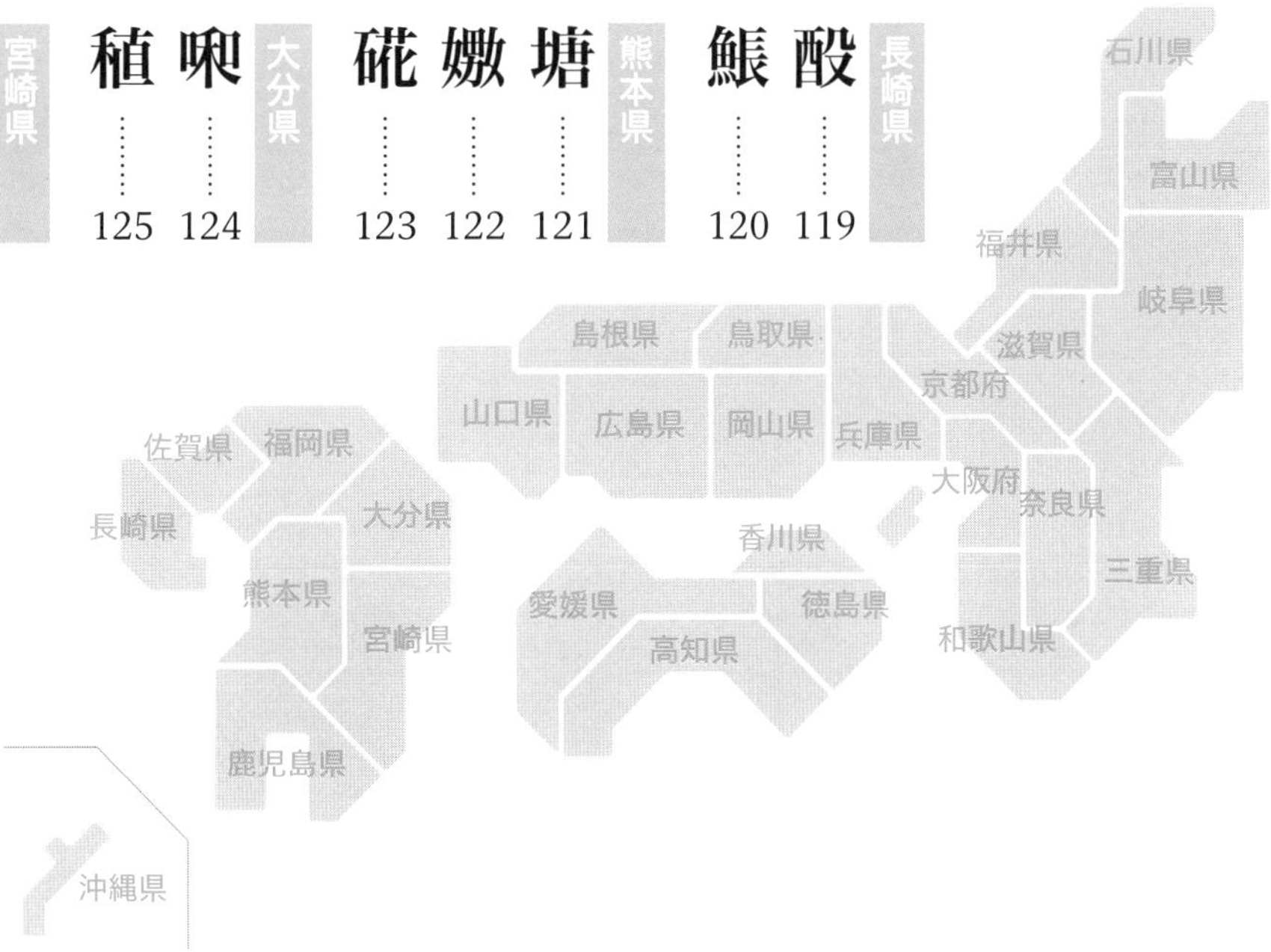
石川県
富山県
福井県
岐阜県
島根県
鳥取県
滋賀県
京都府
山口県
広島県
岡山県
兵庫県
佐賀県
福岡県
大阪府
奈良県
長崎県
大分県
香川県
三重県
熊本県
愛媛県
徳島県
宮崎県
高知県
和歌山県
鹿児島県
沖縄県

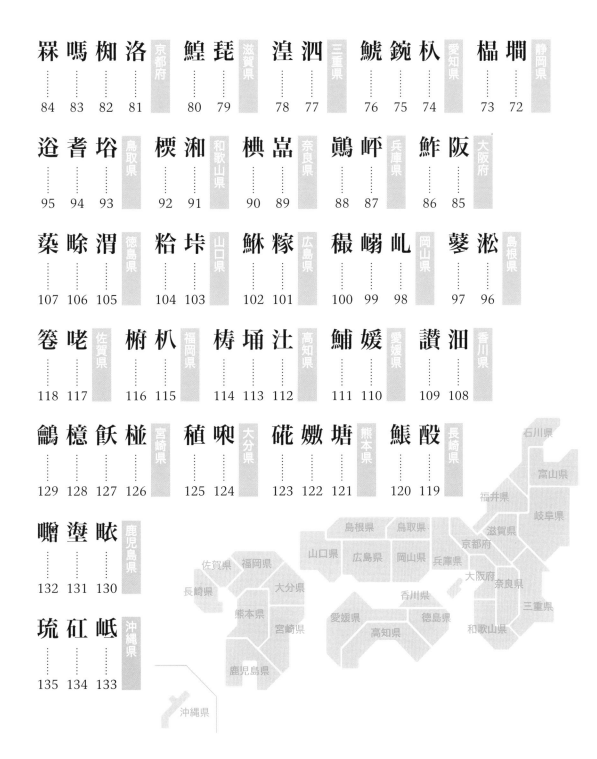

凡例

◇**方言漢字の定義**

何らかの地域性を帯びた漢字。字種・字体・字音・字義・用法などに地域色が生じたもの（地域字種、地域字体など）。大修館書店発行『大漢和辞典（全十五巻）』（以下大漢和辞典）掲載の漢字のうち、方言漢字性の高い128字を抜粋した。

◇**掲載順**

北海道から沖縄県まで都道府県順に各県二字以上を掲載。同県内は総画数順、画数が同じ場合は部首順とした。総画数・部首は大漢和辞典に準拠。

◇**部首**

大漢和辞典の部首に準拠。漢字は表語文字であるため、見ただけでは確かな発音を知ることはできない。そこで、漢和辞典では、漢字を配列するのに一般に部首による方法が行われている。この「部首法」は、後漢の許慎《きょしん》が作った『説文解字《せつもんかいじ》』という辞書（紀元一世紀ごろ成立）に始まるとされている。↓「部首の種類」（7ページ）

◇**見出し漢字とお手本**

見出し漢字とお手本として薄く示した漢字の書体は、本書を印刷する会社が所有する印刷書体（フォント）であり、大漢和辞典のフォントとは異なる。

◇**なぞり書きにおける筆順**

筆順は書字の中で自然に生まれたもので、「正しい書き方」という唯一のものはなく、本書では示していない。基本的に「上から下」「左から右」の順に書けばよい。↓「字の筆順／筆順の原則」（137ページ）

◇**なぞり書きにおける注意点**

お手本漢字は、横線の終わりに三角形のような部分（ウロコ）があったり、トメハネハライが三角錐のように広がったりすぼまったりしているが、これは文字のデザインによるもので、忠実になぞって書く必要はない。↓「手書きのポイント」（138ページ）

◇**漢字説明の構成要素**

【大漢和番号】 その漢字の大漢和辞典における通し番号。国字は日本製漢字を表す。

【地域音訓】 その漢字の地域での読み方。

【字音】 その漢字の音読み。大漢和辞典の記述を抜粋。

【字義】 その漢字の意味。大漢和辞典の記述を抜粋して用例は省いた。

【名乗】 日本人の名前に用いられたときの読み方。

【解字】 象形《しょうけい》・指事《しじ》・会意《かいい》の三種について文字の構造を解説。

【出典】 その漢字の出処となる書物の名前。

【Ｕｎｉｃｏｄｅ】 その漢字の文字コード。

◇**字義で使われている言葉**

【義未詳《ぎみしょう》】 どういう意味をもつかわからないこと。

【本字《ほんじ》】 一般の正字（標準とされる康熙《こうき》字典体のこと）よりも、さらに字源的に忠実な形（篆文《てんぶん》をそのまま楷書《かいしょ》にしたような形）をした文字。亡→亾、留→畱など。

【俗字《ぞくじ》】 字体は正字ではないが、世間一般に通用してきた文字。その多くはいわゆる「略字」である。糧→粮、蠣→蛎など。

◇**大漢和辞典からの変更点**

■他項を参照する漢字に大漢和番号とその字義を補った。〘 〙内が該当する。

■「～に作る」は「～と書く」に変更した。

■字音や字義を現代仮名遣いにした。

■接続詞の漢字表記をひらがな表記にした。

■字義や熟語の記述には読みや漢字を補足した。［ ］内が該当する。塙［カク／コウ・キョウ］のような漢字の下のカタカナは「カク」「コウ」「キョウ」のように読む。

■熟語の用例・出典は省いた。

参考文献：『新漢語林』（大修館書店、二〇一一）

部首の種類

部首*は、それが漢字のどの位置にあるかによって、次の七種類に大別されます。ただし、この分類に含まれない部首もあります。

	部首の種類		例
1	偏　ヘン	漢字の左側の部分を占める	土（つちへん）地・域など 女（おんなへん）姉・妹など 山（やまへん）峡・峰など
2	旁　ツクリ	漢字の右側の部分を占める	力（ちから）功・助など 卩（ふしづくり）印・即など 頁（おおがい）頭・類など
3	冠　カンムリ	漢字の上部に位置する。「かしら」ともいう	冖（わかんむり）冗・冠など 宀（うかんむり）宇・宙など 雨（あめかんむり）雪・雲など
4	脚　アシ	漢字の下部につく	儿（にんにょう）元・兄など 灬（れんが）熱・烈など 皿（さら）盆・盟など
5	垂　タレ	漢字の上部から左方へおおう	厂（がんだれ）厚・原など 广（まだれ）床・店など 疒（やまいだれ）疫・病など
6	構　カマエ	漢字の外側を囲む	門（もんがまえ）開・閉など 囗（くにがまえ）囲・国など 匚（はこがまえ）医・匠など
7	繞　ニョウ	漢字の左方から下部をとりまく	⻌（しんにょう）迎・道など 廴（えんにょう）建・延など 走（そうにょう）起・越など

*もとは複数の漢字を字形によって分類したグループ（「部」）の最初（「首」）の字を指す。

◇本書に出てくる部首補足（五十音順）

网	あみ・あみがしら	罒・罓は网《もう》の変形。また、⺲の形にもなり、网と⺲は元来同一の部首であったが、字形が異なるので、便宜上分離して、网のあとに⺲（よこめ）部を設けた。
老	おい・おいかんむり	耂は、老の省略体。老を意符として、老人に関する文字ができている。
乙	おつ・おつにょう	乙と乚は別字であるが、文字の構成要素としては、乙も乚も、折れ曲がったものを示す。
艸	くさ・くさかんむり	元来、艸《そう》が冠になるときには艹と書いて四画であるが、常用漢字・人名用漢字では艹と書いて三画となっている。艸を意符として、草のいろいろな名称・状態、草で作るものなどに関する文字ができている。
阜	こざとへん	阝は阜が偏になるときの形。阜（阝）を意符として、丘や丘状に盛り土したもの、丘に関連する地形やその状態を表す文字ができている。
衣	ころも	衣が偏になるときは衤の形をとり、衣偏《ころもへん》と呼ぶ。衣と衤は同じ部首だが形・画数とも異なる。衣類やその状態、それに関する動作などを表す文字ができている。
鬥	たたかいがまえ	鬥を意符として、戦う・争うの意味を含む文字ができている。鬥の文字は俗に門《もんがまえ》に書かれる。鬭の新字体が闘になったのもそれによる。
鼓	つづみ	鼓を意符としていて、いろいろな種類のつづみ・太鼓や、その音を表す文字ができている。
酉	ひよみのとり・さけのとり	ひよみは暦、また、十二支のとりの意味で、鳥と区別している。酉《ゆう》は元来は酒のつぼの象形。酉を意符として、酒類やその他の発酵させて造る食品、酒に関する文字ができている。
龠	やく・やくのふえ	龠《やく》を意符として、笛やその吹奏に関する文字ができている。

参考文献：『新漢語林』（大修館書店、二〇一一）

蛯

【大漢和番号】33061 国字
【部首】虫
【総画数】12
【地域音訓】えび
【字義】えび。
【Unicode】86EF

ささひろ・ポイント

「蛯《えび》」は、江戸時代の初めに漢字と手紙文の教科書である往来物《おうらいもの》に現れ、尾張より東で多用されました。今でも北海道では「海老」とともに、この字がスーパーなどでも品書きによく使われています。日常で用いられ、「えび」表記の中での比率も高く、看板などでの目立ち方など国内で群を抜いています。

姓や地名では東北、北関東などに残っていて、茨城では「いび」などの訛語《かご》（なまった言葉）による読みも見られます。西日本では、江戸時代に宮崎の地に移った人たちの末裔《まつえい》が今でも蛯原を姓としています。まれに「鮱《ぼら》」を「えび」に当てることもあります。

熟語

【蛯谷《エビヤ》】北海道渡島国〔おしまのくに〕の地名。
【蛯名《エビナ》】姓氏。

椴 椴

椴

【大漢和番号】15075
【部首】木
【総画数】13
【地域音訓】とど
【字音】タン・ダン
【字義】❶木の名。白楊に似た木。杝［イ/リ/タ・ダ］〖大14600　[1]木の名。杝（大14478）に同じ。[2]柯杝は酒の名。[3]かじ［舵］。柁（大14599）に同じ。〗に同じ。❷むくげ。落葉灌木の一つ。白あるいは淡紫色の葵に似た花をつける。❸くい。[邦]とどまつ。えぞまつ。松の一種で，寒地に自生する。
【出典】集韻
【Unicode】6934

■熟語

【椴法華】《トドホッケ》　北海道渡島国〔おしまのくに〕の地名。

ささひろ・ポイント

「椵《カ・ケ》」の変形のようで、歴史地理学者の吉田東伍《よしだとうご》〔一八六四-一九一八〕は『大日本地名辞書』の中で、この字について「蝦（夷）の林藪」の意からの用法と見ました。平成十八年度〔二〇〇六〕に漢検漢字文化研究奨励賞で佳作を受賞した佐々木絵美「北海道函館市旧椴《とど》法華《ほっけ》村における「椴・」表記についての考察」が、この字の来歴をよく追っています。

𩸽

【大漢和番号】補 754 国字
【部首】魚
【総画数】19
【地域音訓】ほっけ
【字義】ほっけ。アイナメ科の海魚。背は青灰色，腹は灰色で，薄茶色の斑紋《ハンモン》がある。魚と花の合字で，花は，斑紋の意味を表す。
【Unicode】29E3D

ささひろ・ポイント

「𩸽《ほっけ》」は幕末から明治初期にかけて現れる国字（日本製の漢字）です。花のような模様が特徴だからといった字源説がありますが、北海道では古くは「魚偏《さかなへん》に華」と書いた点から、「法華《ほっけ》」の「華」から簡単な「花」に変わっていったと考えられます（なお「椴《とど》法華《ほっけ》」の語源説にも、この地名のホッケは魚名由来とするものがあります↓9ページ）。『大漢和辞典』の字義にある「魚と花の合字」の「合字」とは、会意などの複合された字を指します。

道内では他に「𩸽潤《ほっけま》」という地名にもあり、𩸽潤遺跡群から出土した土器は𩸽潤式土器と呼ばれています。今では各種の辞書に載って、魚名の表記として当地に限ることなく各地で見られるようになっています。

「鮠《はや》」の変形としても古くから使用例が見られ、他の地では「さい」「かすべ」「かんぱち」などの異なる読み方でも使われています。なお、この字の「艹」は「⺾」、「𠤎」は「匕」と書いても同じ字です。

哘

【大漢和番号】補 66 国字
【部首】口
【総画数】9
【地域音訓】さそう
【字義】さそう。口と行との合字で，言葉をかけて，行くことをすすめる意を表す。
【出典】類聚名義抄
【Unicode】54D8

ワンポイント 鎌倉時代の漢和辞典に現れる会意による国字です。青森県上北郡《かみきたぐん》七戸町《しちのへまち》の地名で、江戸時代には村の名前でした。歴代の使用された例を見ていくと、京都から連歌師によって東北まで伝播《でんぱ》した歴史を物語るかのようです。僻字《へきじ》（めったに使われない字）だからこそ、語ってくれる文字の広まりの歴史もあるのです。

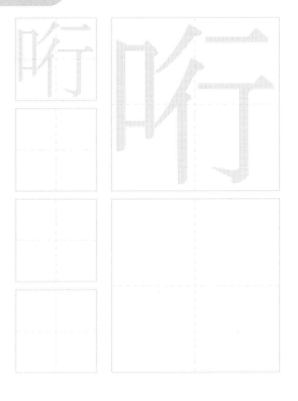

萢

【大漢和番号】補 525 国字
【部首】艸［艹］
【総画数】12
【地域音訓】やち・やじ・やつ
【字義】やち。艹（艸）と泡の合字で草のはえた水辺をいう。また，姥萢《うばやち》・後萢《うしろやち》は，青森県の地名。萢中《やじなか》／《やちなか》は，姓氏。
【出典】俚言集覧
【Unicode】8422

ささひろ・ポイント

江戸生まれの考証学者であった狩谷棭斎《かりやえきさい》［一七七五－一八三五］がこの字の分布について語っていますが（『方言漢字事典』）、それは彼が津軽藩御用達の町人の養子になったため、津軽地方の様々な見聞を得ていたからだったと考えられます。この字は津軽ではいくつもの村名にもなっている一方で、南部地方ではほとんど見掛けず、文字の分布がそのまま音声言語の方言区画（いわゆる津軽弁と南部弁）と重なります。明治期には「范《ハン》」と誤植されたり、「地方文字」と呼ばれたりもしました。なお、字体は右下の部分を「巳」と書くのがもとですが、「己」と書いても同じです。

袰

【大漢和番号】補 554 国字
【部首】衣
【総画数】11
【地域音訓】ほろ・いや・やん
【字義】ほろ。母と衣の合字で，母は，おふくろの意味。布製の袋状の「ほろ」の意味を表す。昔，戦いで矢を防ぐために背にかけた大型の袋状の布。また，袰懸《ほろがけ》・袰部《ほろべ》は，青森県の地名。
【Unicode】88B0

ささひろ・ポイント

中世に都で現れた合字です。それが武家によって伝えられたのか、江戸時代頃から東北は青森・岩手と九州は鹿児島（読み方は「えな」が変化した「いや」「やん」なども）で、地名や名字に用いられており、いわゆる周圏分布を呈しています。「母」の部分を「毋」や「貫」の上部の形で書くこともあります。東津軽郡今別町《いまべつまち》にある「袰月《ほろづき》」では、郵便局長が「母衣月」と書いた地名をこのように合字にしたと伝えられているそうです（みくまり氏、埇サミット、二〇二四）。

埖

【大漢和番号】補 89 国字
【部首】土
【総画数】11
【地域音訓】ごみ
【字義】ごみ。ほこり。散る花のような土，ほこりの意味を表す。埖渡《ごみわたり》は，青森県三戸《さんのへ》郡福地村［現在の三戸郡南部町《なんぶちょう》］の地名。
【Unicode】57D6

ささひろ・ポイント

「埖」で「ごみ」と読むので、散る花のような土ぼこりがイメージされるようで、この字はハンドルネームなどにも好まれています。実際はこの「ごみ」は地名用語で湿地帯などを意味し、字体は「塵」の草書体からではないかと考えられます。岩手県では遠野市《とおのし》に「埖淵《ごみぶち》」、滝沢市《たきざわし》に「埖留《ごみたまり》」という地名がありま す。江戸時代には「埖渡《ごみわたり》村」がありました。なお、草冠《くさかんむり》は活字で「⺿」となっていても、手書きでは「艹」のように三画で書いてかまいません。

畤

【大漢和番号】21837
【部首】田
【総画数】11
【地域音訓】べ
【字音】シ／チ・ジ／シ・ジ／ジ
【字義】1 2 ❶まつりのにわ。天地の神霊を祭るところ。❷さかい。埒。❸たくわえる。通じて峙〖大 8053〗と書く。❹沚〖大 17213〗に通じる。❺疇〖大 21967〗に通じる。3 うえる。蒔〖大 31546〗と同じ。
【出典】集韻
【Unicode】7564

ワンポイント　一関市《いちのせきし》厳美町《げんびちょう》「祭畤《まつるべ》」では、この字をどうして「べ」と読むのかがいまだに謎で、「天地の神霊を祭るところ」という字義とあいまって、神秘的に感じられます。「祭畤」は橋、温泉、スキー場の名としても知られています。

魹

【大漢和番号】補 744 国字

【部首】魚

【総画数】15

【地域音訓】とど

【字義】とど。アシカ科の海獣。北太平洋に生息する。胡獱《コヒン》／《あしか》。魚と毛の合字で，毛の生えた魚の意味から海獣，とどの意味を表す。また，魹島《とどじま》は北海道浜益郡［現在の石狩市］，魹ケ崎《とどがさき》は岩手県宮古市の地名。

【Unicode】9B79

ワンポイント　「とど」を一字で表すために、江戸時代から東北で文書などに使われている会意の国字で、宮古《みや》市《こし》の重茂《おもえ》半島に魹《とど》ケ崎《がさき》（埼）の地名があり、そこは灯台も有名です。北海道でも地名や姓に見られます。

南部地方では、馬のアオ（青毛《あおげ》の略で黒毛馬を指す）を「䮨」と書いた記録もあるそうで、この「魹」と同じ会意の字（形声も兼ねる）です。

鵢

【大漢和番号】46973
【部首】鳥
【総画数】18
【地域音訓】みさご
【字音】シン
【字義】鳥の名。
【出典】海篇
【Unicode】9D62

■熟語
【鵢崎】《ミサザキ》　陸中国［現在の岩手県］の地名。

ワンポイント　「みさご」を表す漢字の「鴡《シヨ》」という字体が、各地で様々に変化したものの一つがこの字です。「鵢崎《みさざき》」は遠野《とおの》市《し》の地名ですが、地図では「ミサ崎」「みさ崎」とも表記されています。「身」が「みさご」の頭音「み」と重なっているのは、偶然ではないかもしれません。中世にはこの字を「シジュウカラ」と読む例もありました。

閖

【大漢和番号】41260' 国字
【部首】門
【総画数】12
【地域音訓】ゆり
【字義】ゆる。ゆり。ゆれる。
【Unicode】9596

■熟語

【閖上】ユリアゲ　宮城県の地名。

ワンポイント　伊達《だて》の殿様の造字という伝承とは別に、史実としては大水を表す漢字なので、貞観《じょうがん》地震［八六九］の記憶を後世になんとか伝えようとした先人の意志が感じられないでしょうか。なお、江戸時代の商人で学者でもあった山片蟠桃《やまがたばんとう》［一七四八－一八二一］の主著『夢之代《ゆめのしろ》』［一八〇六］の写本にも「閖上」と書かれています。

榴

【大漢和番号】15280
【部首】木
【総画数】14
【地域音訓】つつじ
【字音】リュウ
【字義】橊《リュウ・ル》〖大15525　果樹の名。ざくろ。石橊。〗の俗字。
【出典】正字通
【Unicode】69B4

ささひろ・ポイント

「つつじ」はしばしば漢字で「躑躅」と書きますが、足偏《あしへん》であるため、草冠《くさかんむり》をかぶせて書くこともありました。しかしかえって「つつじ」らしからぬ大げさな画数となります。「つつじ」の古名である「あいつつじ」は「山榴」「山石榴」という表記で平安時代の辞書『和名類聚抄《わみょうるいじゅしょう》』に出ていて、それらから仙台の「つつじが丘」では、地名において「榴」だけで「つつじ」と読むようになりました。

彅

【大漢和番号】補 175 国字
【部首】弓
【総画数】14
【地域音訓】なぎ
【字義】なぎ。薙〖大 32121 1 2 ①なぐ。草をかる。②そる。髪の毛をそる。③のぞく。伐除する。④草を焼く。(略)〗と同じ。弓（強の省略）と剪との合字で，強く剪《き》るの意味を合わせて，なぐ，なぎの意味を表す。草彅《くさなぎ》は，姓氏。
【Unicode】5F45

ワンポイント　草彅は秋田の田沢湖近くの名字でしたが、国字である二字目の「彅」が辞書になかったせいか、他県では「草剪《くさなぎ》」姓も見られます。右上を「前」と書いても字体は同じです。

轌

【大漢和番号】補 600 国字
【部首】車
【総画数】18
【地域音訓】そり
【字義】そり。車と雪の合字で，雪上の乗り物，そりの意味を表す。また，轌町《そりまち》は，秋田県仙北郡仙南村［現在の美郷町《みさとちょう》］の地名。
【Unicode】8F4C

ワンポイント　東北らしい会意文字で、江戸期には秋田藩の日記でも「そり」や「轌ノ（の）目」という地名として使われています。「ふぶき」として使われたこともあります。旁《つくり》の字形は「雪」で書いても構いません。

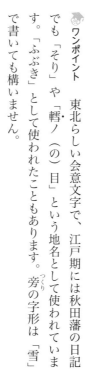

鰰

【大漢和番号】46414 国字
【部首】魚
【総画数】21
【地域音訓】はたはた・いな
【字義】はたはた。いな。雷魚。
【Unicode】9C30

ささひろ・ポイント

江戸時代に秋田で作られた字であると考えられます。「はたはた」は、雷が鳴ると獲れ始める魚ということから「かみなりうお」と呼ばれ、雷は「神鳴り」の意ということから作られた字なのでしょう。江戸時代の講釈師馬場文耕《ばばぶんこう》［一七一八－一七五九］による『秋田杉直《すぎなおし》物語』や、それを引用する文人大田南畝《おおたなんぽ》［一七四九－一八二三］の随筆『一話一言《いちわいちげん》』では、「鱗の中に富士山の模様が生じるため」などという異説を載せています。

兵庫県の姫路《ひめじ》や明石《あかし》などに見られる姓の鰰田《いなだ》、鰰沢《いなざわ》の「いな」は、魚種も分布も異なるものです。崩し字が似ている「鮲《ない》」と関係するのかもしれません。なお、字形は旁《つくり》を「神」と書いても同じです。

屶

【大漢和番号】補 48 国字
【部首】刀
【総画数】5
【地域音訓】なた
【字義】なた。山で用いる刀。山刀の合字。屶巻《なたまき》は，宮城県桃生［ものう］郡，屶柄《なたのえ》は，山形県長井市の地名。
【Unicode】5C76

ささひろ・ポイント

刃物の「なた」を表す熟字訓「山刀」は、一語である上に各々《おのおの》が簡単な字なので、日本で縮まって「屶」という合字が生じました（この類は他にも「山女《あけび》」から生じた「𡚴《あけん》」などの字に見られます）。中国遼代［九六一–一一二五］の字書『龍龕手鑑《りょう(りゅう)がんしゅかん》』の「屶」に「音会」とあるのは、「會」の古文が崩れた別系統の字にすぎません。ほかに秋田県、福島県、新潟県、長野県、岐阜県、佐賀県でも、「屶」は小地名の表記に見られます。「屶網」や「屶納」（誤記によるという）で「なたみ」「なたあみ」と読む姓が石川県などにあります。

ちなみに「鉈」を「なた」と読むのは国訓で、「なた」を表記する漢字がなかなか定まらなかったことが知られています。

圸

【大漢和番号】補 79 国字
【部首】土
【総画数】6
【地域音訓】まま
【字義】まま。山の崖《がけ》の意味を表す日本の古語，ままの意味。圸ノ上《ままのうえ》は，山形県長井市の地名。
【Unicode】5738

ワンポイント　これを造字した人の意図としては、旁《つくり》の「やま」が「まま」という発音を暗示している可能性もあります。この字は出現が江戸時代まで遡れるかどうか、資料の発見が待たれます。

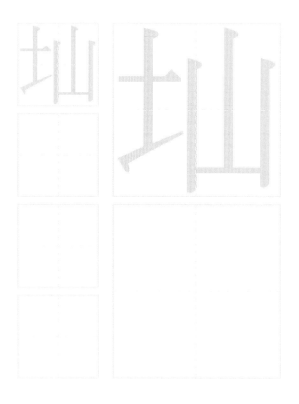

寉

【大漢和番号】補 133 国字
【部首】宀
【総画数】11
【地域音訓】つる
【字義】つる（鶴）。寉［コク・ゴク／カク］〖大 41940　1①あがる。高く至る。②確（大 24366）に通じる。2心志が高い。3①鳥が高く飛ぶ。②鶴（大 47185）の俗字。4鳥が高く飛ぶ。〗の俗字。寉岡《つるおか》・寉田《つるた》は，姓氏。
【出典】集韻
【Unicode】5BC9

ささひろ・ポイント

山形県鶴岡市《つるおかし》では、地名を「寉岡」「寉岡」と略記する習慣がかなり広まっていましたが、次第に減りつつあります。「鶴」を「寉」や「寉」のように略して書く人は、きっと「①」を「いちまる」と山形で一般化した読み方で読むか、そう読む人を知っているはずです。

字の書き方や読み方から出身地を推し量ることができるのも、方言漢字や方言文字などの特徴です。

擶

【大漢和番号】12898
【部首】手［扌］
【総画数】18
【地域音訓】たま
【字音】セン
【字義】ただす。矢の曲がりをなおくする。
【出典】集韻
【Unicode】64F6

ささひろ・ポイント

　山形県天童市《てんどうし》の「高擶《たかだ(た)ま》」という地名は、戦後しばらくの時期までは、駅名を含めてしばしば木偏《きへん》で「高楡」と書かれていました。「たま」は「たも」ともいい、木の名前の（ハルニレの方言で、この辺りの地に生い茂っていて、室町時代には「楡」の字を当てていました。

白鷹町《しらたかまち》の「たかだま」という地名も、中世から「高楡」や「高擶」と書かれていたそうで、そこから現在の「高玉」となったものです。このように、表記は変化を経て、漢和辞典にある字体に落ち着いてゆくものもあるのでした。

　山形県村山市《むらやまし》にも木偏の「楡山《たもやま》」、秋田県大仙市《だいせんし》にも「楡ノ木《たものき》」があります。

　これらの「擶」「楡」などの右下の字形は「前」と書いても構いません（「擶」）。

岪

【大漢和番号】7989
【部首】山
【総画数】8
【地域音訓】へつり
【字音】フツ・ブチ
【字義】❶やまみち。山腹をめぐりうねる道。❷山の彎曲したところ。❸山のけわしいさま。❹山のおくふかいさま。岪鬱を見よ。❺特立するさま。岪蔚を見よ。❻おこるさま。岪岪を見よ。❼あるいは岪〔フツ〕〖大7990〗と書く。
【出典】集韻
【Unicode】5CAA

熟語

【岪蔚】《フツイ》 ぬき出て起つさま。
【岪鬱】《フツウツ》 山が高く重なり、おくふかいさま。
【岪岪】《フツフツ》 起こるさま。

ささひろ・ポイント

「へつり」は崖の意で、「岪」の字義に近いものがあることに加え、字の下部にある「弗《フツ》」で「へつり」に近い発音を表しているようです。南会津《みなみあいづ》にある「塔の岪」は景勝地としてよく知られ、観光客で賑わっています。この字はいくつかの地方で使用されていますが、どこでも頻用されることはなかったためか、あるいは「崖」の雰囲気が失われるためか、「弗」を使った「佛」が「仏」となったのに対して、「⿱山厶」や「⿰山厶」とはならなかったようです。山が偏《へん》になった「岪」という字形も使われますが、これは古く中国梁《りょう》代［五〇二–五五七］に、時の皇太子昭明太子《しょうめいたいし》が「⿰山鬱《うつ》岪《ふつ》」という熟語で用いていました（笹原宏之『画数が夥しい漢字121』）。

垬

【大漢和番号】補 82
【部首】土
【総画数】9
【地域音訓】ぬかり
【字音】コウ・グ
【字義】せき。堤防。土手。国ぬかり。大垬《おおぬかり》は，福島県東白川郡矢祭町の地名。
【出典】集韻
【Unicode】57AC

ささひろ・ポイント

「垬《ぬかり》」は『国字の字典』に収められ、中世の福島県東白川郡矢祭町《やまつりまち》の地に大垬《おおぬかり》関があったことが説かれています。ただし、「元禄郷帳」（元禄時代に幕府の命で作られた郷帳〈村名・村高を書き上げた帳簿〉）などでは、漢字で「大滑」と表記されていました。今でも地名として残っており、福島交通には大垬明神《おおぬかりみょうじん》バス停があります。この漢字は茨城県の小地名にも散見され、「大垬」姓があるともいいます（『日本姓氏大辞典』）。偏《へん》が「扌（てへん）」の「拱《こまね》く」という字が元ともいわれ、「洪」と書くこともあります。

この字は『大漢和辞典』や『康熙《こうき》字典』にないために、国字と思われてきましたが、実は宋代［九六〇－一二七九］の韻書『集韻《しゅういん》』などに堰の意味で収められていました。その後、『大漢和辞典』も補巻できちんと拾遺しました。「ぬかり」とは湿地の意味で、字義は国訓（地域訓）です。

墱

【大漢和番号】5485
【部首】土
【総画数】15
【地域音訓】まま
【字音】トウ
【字義】[1]❶きだ。きざはし。土段。小坂。❷かけはし。❸水を分流するところ。❹隥［トウ］〖大41850〗に通じる。[2]墱墱は，牆［ショウ］垣根。］を築く声。
【出典】集韻
【Unicode】58B1

■熟語
【墱道】《トウドウ》 閣道〔カクドウ〕〖大41300―19〗の③［桟道］をいう。
【墱流】《トウリュウ》 川の分流。

ワンポイント　南会津郡《みなみあいづぐん》南会津町川島《かわしま》の字《あざ》には、この字を「まま」と読んで使う小地名があります。「中墱《なかまま》」「高墱《たかまま》」「墱下《ましたま》」で、この「まま」は東日本に広がる語で、崖の意味です。

橲

【大漢和番号】15623 国字
【部首】木
【総画数】16
【地域音訓】じさ・ずさ・キ
【字義】橲原《ズサハラ》は磐城国［いわきのくに現在の福島県東部と宮城県南部］の地名。
【Unicode】6A72

ワンポイント　「橲原《ずさはら》」は福島県南相馬市《みなみそうまし》の地名です。渓谷として知られており、「じさ」は「チシャ（レタスの意）」の訛語《かご》（なまり）です。この字を旁《つくり》から音読みをして「キ」と読んで使ったとみられる「山橲《やまき》」姓は群馬県、東京都などに見られます。

圷

【大漢和番号】4900 国字
【部首】土
【総画数】6
【地域音訓】あくつ
【字義】あくつ。低い地の意。地名として用いる。❶地名。㋑常陸国［ひたちのくに現在の茨城県］の地名。㋺下野国［しもつけのくに現在の栃木県］の地名。❷姓。
【Unicode】5737

ワンポイント　茨城で中世に地名として現れた国字です。同じ「あくつ」を「堆」という漢字で表記した姓も県内に見られます。旁《つくり》の「下」を「高」とする「塙《はなわ》」（32ページ）と対をなします。

■熟語
【圷大野】《アクツオオノ》　常陸国［現在の茨城県］の地名。

塙

【大漢和番号】5341
【部首】土
【総画数】13
【地域音訓】はなわ
【字音】カク／コウ・キョウ
【字義】1❶土が堅い。❷土が高い。2土がやせて石が多い。墽[コウ・キョウ]〘大5508　12①土がやせて石が多い。②すてる。（略）〙に同じ。邦❶はなわ。㋑山の差しでた所の義。㋺姓氏。❷ばん。姓氏。
【出典】集韻
【Unicode】5859

■熟語

【塙保己一】ハナワホキイチ　国学者。姓は萩野。通称は辰之助、のち、千弥、保木野一と称す。号は水母子・温故堂。武蔵国児玉郡保木野村［現在の埼玉県本庄市］の人。塙の姓は幼時の師、雨宮検校須賀一の本姓を冒したもの。（下略）

ワンポイント　低い土地を表す「圷《あくつ》」（31ジペー）の対義字です。「はなわ」は平安時代ころからの国訓で、秋田や栃木などにも地名としてあります。江戸時代の国学者塙《はなわ》保《ほ》己《き》一《いち》の「塙」も、もとは茨城の名字でした。

跿

【大漢和番号】37552
【部首】足
【総画数】14
【地域音訓】はね
【字音】ト・ズ
【字義】跿跔［トク］は，すあし。はだし。また，おどりあがる。片足をあげる。【跿跔科頭】を見よ。蹝［ト］〖大37751　跿（大37552）に同じ。〗に同じ。
【出典】集韻
【Unicode】8DFF

■熟語

【跿跔】《トク》 すあし。また、おどりあがる。片足をあげる。跿跔科頭を見よ。

【跿跔科頭】《トクカトウ》 跿跔は足に何もはかないこと。科頭は冠せぬことであるが、また頭に兜をつけないこと。すあし、すあたまの兵。勇気のある兵士のたとえ。

ワンポイント　「駒跿」は「こまはね」と読み、茨城県坂東市《ばんどうし》の地名です。中世の文書には「駒羽根」「駒羽」「駒はね」とあり、江戸時代に村の名前となって、字義から今の漢字に変えられました。

栃

【大漢和番号】14687 国字

【部首】木

【総画数】9

【地域音訓】とち／レイ

【字義】とち。もと 栃[とち]〘大14488' とち。樹木の名。多く深山に生ずる落葉喬木。一説に，とち（十千）すなわち万と木との合字という。栃（大14687）に同じ。〙と書く。深山に生ずる喬木の一つ。葉は七枚の小葉をそなえ，夏，淡黄色の花をつけ，果は栗に似て食用に供する。橡。七葉樹。

【Unicode】6803

熟語

【栃餅《トチモチ》】栃の果実をまぜて搗いたもち。

【栃麺《トチメン》】栃の実の粉を薄くこねのばし、切麦のように製した一種の食品。

【栃麺棒《トチメンボウ》】❶栃麺を製する時、こねのばす棒。❷狼狽。うろたえあわてる。栃麺を製する時、棒の使い方が急を要するからいうとされる。

ささひろ・ポイント

栃木県での使用を理由に常用漢字に入った字です。むろん他の地名や姓、普通名詞の表記でも各地で使われています。例えば新潟県長岡《ながおか》市《し》栃《とち》尾《お》地域には、戦国時代に栃尾城もありましたが、天正八年［一五八〇］の「武《たけ》田《だ》勝頼《かつより》書状文書」には「栃尾」と書いてあり、当時は大抵この字体で書いていたと見られます（35ページ）。江戸時代には肉筆で「栃」が現れましたが、明治期の国語辞典『言海《げんかい》』でもまだ「とち」には「栃」を掲げていました。姓での「栃」を「栃」に改める人もいました。県名を表す際には必ず「栃」となり、合字《ごうじ》（二つ以上の文字を一文字として表記する文字）を作る遊びでも略されることなく、たいてい原形を留めます。なお「栃」「栃」はデザインの差です。

櫔

【大漢和番号】15800
【部首】木
【総画数】19
【地域音訓】とち
【字音】レイ
【字義】木の名。
【出典】集韻
【Unicode】6AD4

ささひろ・ポイント

栃木の「杤」（34ページ）の旁《つくり》では簡便な「万」が選ばれ、「萬」が選ばれなかった点が注目されます。平安時代に「杤」が現れました。「萬」を使った「櫔」も、実は続けて中世期に書籍や文書にいくらか使用されてはいました。現代の目から見れば、拡張新字体とは逆の、拡張旧字体と位置付けることもできます。貝のカキを表す「蠣」が「蛎」へと簡易な字体に変化した例と逆行する交代が、日本製漢字に起きていたわけです。「杤木」は「橡木」などとも書かれました。なお、「萬」は「萬」と書いてかまいません。

笂

【大漢和番号】補 454 国字
【部首】竹
【総画数】9
【地域音訓】うつぼ
【字義】うつぼ。矢を入れて腰や背に負う用具。竹と丸の合字で，竹は矢，丸はつぼの形を表す。また，笂井《うつぼい》町は，群馬県前橋市の地名。
【Unicode】7B02

ワンポイント　江戸時代には「笂井《うつぼい》」は村の名でした。武具の「うつぼ」は漢字では「靫」ですが、異体字の「靭」が定着した大阪や「箞」（118ページ）が残った佐賀など、地域ごとに固有名詞の表記に差が見られます。

橳

橳

【大漢和番号】15624 国字
【部首】木
【総画数】16
【地域音訓】ぬで
【字義】橳島《ヌデシマ》は上野国《こうずけのくに》［現在の群馬県］の地名。
【Unicode】6A73

ささひろ・ポイント

『大漢和辞典』の編纂《へんさん》には群馬県の学校に勤めた人が何人も携わっており、その誰かが『大日本地名辞書』あたりでこの字について確認し、辞典に採用したのではと思われます。地名から生まれた橳島《ぬでしま》姓（島を嶋、嶌と書く例も）は、今では他県にも見られます。富山県南砺市《なんとし》には大字野新《のしん》字橳木原島《かつきばらしま》という地名がありますが、これは「勝」の字体が次の字（木）から同化して木偏《きへん》が加わったものという可能性があります。

江戸時代の方言辞典『諸国方言物類称呼《しょこくほうげんぶつるいしょうこ》』には、「陸奥《むつ》及越前相撲《さがみ》にてかつの木と云《いふ》。（是《これ》は勝軍木《ぬるで》といふによるの名なるへし。なを説有）」と見え、字源も彷彿としますが、樹木の「ぬるで」を指す「白膠木」が「橳」の字を生んだとの見方もあります。

岾

【大漢和番号】補 143 国字

【部首】山

【総画数】8

【地域音訓】はけ・やま

【字義】やま。地名。広岾《ひろやま》は，京都市左京区の地名。

【Unicode】5CBE

ワンポイント　明治以降に全国で漢文離れが進む中、小字《こあざ》に用いられていた「岵《コ・ゴ》」（草木が茂る山／はげ山の意）という漢字が各地で「岾」へと字体が変化しました。様々な読み方の一つである「はけ・はげ」は崖の意で、埼玉の小地名です。岐阜県や和歌山県などでは「峐《カイ・キ》」や「屼《ゴツ・ゴチ》」を「はげ」と読ませて姓に用いています。

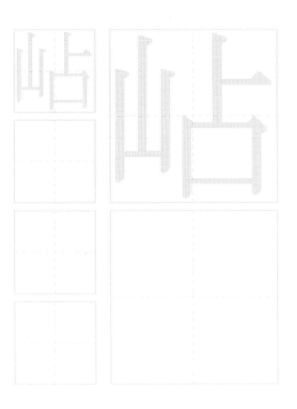

垳

【大漢和番号】補 83 国字
【部首】土
【総画数】9
【地域音訓】がけ
【字義】がけ。埼玉県南埼玉郡の地名。
【Unicode】57B3

ささひろ・ポイント

「がけ」の語源は「かけ」（欠けの意）とも考えられており、江戸時代の文書などでは、「かけ」という濁音の無表記も見られます。文書にある「垳ヶ」という捨て仮名「ヶ」を使った表記（昼間良次氏教示）からは、この国字が読みにくいと感じた人がいたことがうかがえます。埼玉県草《そう》加《か》市《し》にはこの字を使った「垳田《いげた》」姓が見られますが、江戸時代以来のものです。井下田姓もあり、井桁との関連も想起されます。

全国で唯一の地名「垳」のある埼玉県八《や》潮《しお》市では、垳を行政が区画整理に伴って変更しようとしたことを契機に、地名を見つめ守っていこうという主旨で「方言漢字サミット」という集いが開催されており、市民協働の活動が続いています。

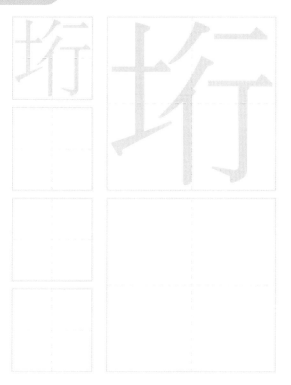

蓜

蓜 蓜

【大漢和番号】補 528 国字
【部首】艸［艹］
【総画数】14
【地域音訓】ハイ
【字義】ハイ。蓜島《ハイじま》，南蓜《ナンバイ》は，姓氏。
【Unicode】84DC

ささひろ・ポイント

平安時代に京都の「ハイシ（ジ）マ」という公家が、草むらの多い土地に配されてこの字を作ったとの伝承があり、草冠のない「配島」よりも格が高いという認識をもつ人もいるそうです（昼間良次氏教示、小林肇氏「新聞漢字あれこれ108　埼玉県の方言漢字」二〇三）。「葩《ハ》」（はなの意）という漢字が土台とされて作られた可能性も感じられます。

埼玉の地では江戸時代から名字となっていますが、「蓜」が一九七八年のＪＩＳ漢字制定時にＪＩＳ第２水準に採用されなかったために、この字が使われた名字の方は電子端末への入力時には苦労されたはずです。そのためもあってかペンネームを「灰島」とした人もいました。二〇〇〇年にやっとＪＩＳ第３水準に採用できました。

「蓜」の字は姓だけでなく社名や屋号にも応用されていますが、一部で存在するとされている「南蓜《なんばい》」姓の実在は、現在のところ確認されていないようです。

匝

【大漢和番号】2599
【部首】匚
【総画数】5
【地域音訓】ソウ
【字音】ソウ
【字義】帀［ソウ］〘大 8773　①めぐる。めぐらす。めぐり。②あまねし。③そろい。④俗に匝(大 2599)と書く。⑤迊［ソウ］（大 38735）に通じる。〙に同じ。
【出典】増韻
【Unicode】531D

■熟語

【匝瑳】《ソウサ》　❶下総国［しもうさのくに］現在の千葉県と茨城県南西部」の郡名。また、下総国の地名。❷姓氏。

ワンポイント　匝瑳《そうさ》は古代からの地名で、難読地名としてよく知られています。「匝」はもとは「帀《ソウ》」の異体字で、「めぐる」という字義に合わせて「L」型の線を加えて字形も「めぐらせた」ものかもしれません。

峠

【大漢和番号】8068 国字
【部首】山
【総画数】9
【地域音訓】ヒョウ・ビョウ・たわ
【字義】とうげ。たむけの音便。山を過ぎる往還の絶頂のところ。ここで道祖神に手向《タムケ》して旅路の安穏を祈ったので称した。
【Unicode】5CE0

ささひろ・ポイント

「峠」は中世に現れる国字（日本製漢字）で、江戸時代以前は「垰」（103ジペー）との区別がはっきりしなかったようです。千葉では戦国時代から「中峠《なかびょう》」などのように峠を「ヒョウ」「ビョウ」と読むことが生じています。これは国字の地域的な音読みと言えます（「萢」をホウ、「畑」をデンと読む類）。このヒョウには県内で漢字の「⿰山票《ヒョウ》」や国字の「鋲《ビョウ》」などを当てる地区もあり、ヒョウ・ビョウは峠に設けられた「標」の意とされています。

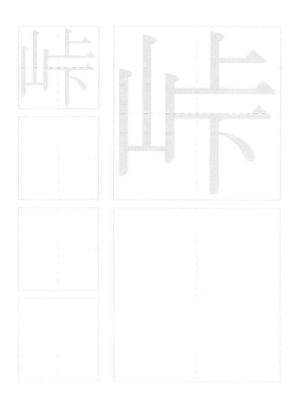

犢

【大漢和番号】20196
【部首】牛
【総画数】19
【地域音訓】こて
【字音】トク・ドク
【字義】❶こうし。牛の子。犢[トク]〘大20179 犢（大20196）に同じ〙に同じ。❷姓。
【出典】集韻
【Unicode】72A2

■熟語

【犢外《トクガイ》】犢のいるところの意。野外をいう。【犢橋《コテハシ》】下総国［現在の千葉県と茨城県南西部］の地名。【犢車麈尾《トクシャシュビ》】晋の王導［オウドウ］がかつて夫人曹氏の妬みを恐れ、衆妾を牛車に載せ、自ら麈尾［法子《ほっす》のこと］を執って牛を駆って逃げたのを、蔡謨［サイボ］が嘲った故事。【犢鼻《トクビ》】❶人体経穴の名。膝蓋骨の下、脛骨の上のくぼんだところ。俗に膝眼という。❷犢鼻褌《トクビコン》［ふんどしの類］の略。
この他、15の熟語がある。

ささひろ・ポイント

「犢橋《こてはし》」は千葉県千葉市花見川区にある地名です。「犢《こてい》」は牡牛の古語「ことひ」の転で、類似する訛《か》語形《ごけい》が各地に見られます。中世には「こてはし」とひらがなで書かれ、江戸期に仔牛を意味するこの字を当てて、「犢橋村」となりました。

地元では略して「犊」とも書かれており、この字は地形図にも見られます。同じように旁《つくり》に「売」をもつ字は他に、「蛖」（千葉県　蠣蛖塚《カキガラツカ》「殻」の略字が順行同化を起こしたもの）、「娧」（広島県　娧ケ湊《ウバガフトコロ》）、「涜」（高知県　鐙涜山　瀆の略字としての用法か）もあります。

砧

【大漢和番号】24099
【部首】石
【総画数】10
【地域音訓】きぬた
【字音】チン
【字義】❶きぬた。布帛のつやを出すために載せて叩く石の台。[illegible]［セン］〘大 4339〙に同じ。❷きりだい。また，木を斫《き》る台。椹［チン／シン・ジン］〘大 15082〙に通じる。❸草をうつ石。
【出典】集韻
【Unicode】7827

■熟語

【砧几《チンキ》】きりばん。俎板。
【砧骨《チンコツ》】中耳内にある小骨。聴骨。
【砧鑕《チンシツ》】人斬り台。人、この上に伏して斧を受ける。
【砧杵《チンショ》】きぬたと槌。衣を槌つ時に用いる器具。
【砧声《チンセイ》】きぬたを打つ音。
この他、6の熟語がある。

ささひろ・ポイント

この字は、世田谷区の地名としてよく知られていますが、漢文や古文つまり古典に出てきたから方言漢字ではないのでは、と感じる人もいるでしょう。そういう場合は、本書の「はじめに」をじっくりと読んで、用語の意味とこの字の現在の状況をよく考えてみてください。漢字に限らず、古語が方言となったものも、きっと思い当たることでしょう。

なお、「東京（京）」は明治維新後に、東の京（都）という名に反発して、「とうけい」と読む江戸っ子たちがいました。また、公団フォント（高速道路標識に用いられていた文字）では、東京と京都でバランスが異なるとして「京」の字形を変えていました。

閧

【大漢和番号】45641

【部首】門

【総画数】16

【地域音訓】どき

【字音】コウ・グ／コウ・ゴウ

【字義】[1][2]❶たたかう。❷ときの声。また，ときの声をあげる。❸さわぐ。かしましい。❹あるいは鬮〘大45645〙と書く。

【出典】集韻 【Unicode】9B28

■熟語

【閧然】《コウゼン》 盛んなさま。【閧丁】《コウテイ》 丁祭を騒がすこと。丁は丁祭、仲春・仲秋の上丁［ジョウテイ］の日に孔夫子を祭る式典。【閧都拉斯】《ホンジュラス》 honduras の音訳。❶中央アメリカの共和国。南はニカラグアに隣り、北はカリブ海に面す。西紀1821年、イスパニヤより独立す。首府はテグシガルバ。護謨・ココ椰子・印度藍・木材等を産す。❷中央アメリカにある英領植民地。西・南はグアテマラに隣り、東はカリブ海に面す。この他、6の熟語がある。

ささひろ・ポイント

「閧」は、戦いに勝った時にあげる声のことです。かつては「時」とも書きました。「閧」は武器が向かい合った形の「鬥(たたかいがまえ)」であることに意味がありましたが、この部首は使用頻度が低く意味も分かりにくいため、書きやすい「門」で代用されることがあり、「閧」もパソコンなどで入力することができます。同じように「鬪」も、当用漢字で「闘」が採用されていました。

東京都中央区にある埋め立て地の地名「勝閧《かちどき》」は、日露戦争［一九〇四-一九〇五］での日本の勝利にあやかって付けられたもので、第二次世界大戦後に住所が「勝どき」と交ぜ書きになりました。そのため「勝閧橋」「勝どき駅」など、今でも表記が揺れています。中国の簡体字では「胜哄」となります。

濹

【大漢和番号】補 320 国字
【部首】水［氵］
【総画数】18
【地域音訓】ぼく
【字音】ボク
【字義】ボク。川の名。隅田《すみだ》川。旧表記では，墨田川。荒川の分流。東京都墨田区の西辺を流れ，東京湾へ注ぐ。隅田川（墨田川）の意味の「墨水」を一字にしたもので，江戸時代，林述斎［ハヤシジュッサイ］の造字といわれる。永井荷風の小説に，『濹東綺譚《ボクトウキタン》』がある。濹東は，隅田川下流の東岸，墨田区一帯を指す。
【Unicode】6FF9

ささひろ・ポイント

隅田川を漢詩文で雅に表すために江戸時代の儒学者林述斎《はやしじゅっさい》によって作られた「濹」ですが、昭和も戦後になると、永井荷風《ながいかふう》の小説『濹東綺譚《ぼくとうきた(だ)ん》』を「ひょっこりひょうたん」と読んでしまう人が現れるほど、なじみの薄い漢字になってしまいました。

この「濹」の字を使った「淡濹公園」が滋賀県守山《もりやま》市川田町《しかわたちょう》喜多にありますが、地元の淡墨桜に由来するとのことなので、淡墨桜が字体の同化を起こして、「墨」（墨）に「氵（さんずい）」が加わったものと思われます。なお守山市のサイトでは「墨」という表記ですが、看板には「氵（さんずい）」もあります。

なお、同じく都内を流れる神田川を雅に表す文字として、二〇一九年に和平氏によって「⿰氵神《シン》」が作られ、漢詩に用いられました。

㹨

【大漢和番号】20357
【部首】犬［犭］
【総画数】8
【地域音訓】いたち
【字音】ユウ
【字義】義未詳。
【出典】海篇
【Unicode】3E68

ワンポイント　横浜に、「㹨川《いたちがわ》」が流れています。中国では「鼬《いたち》」の異体字として仏典に現れ、朝鮮では「猫」の異体字として文献に使われていました。

湘

【大漢和番号】17842
【部首】水［氵］
【総画数】12
【地域音訓】ショウ
【字音】ショウ・ソウ
【字義】❶川の名。【湘水】を見よ。❷にる。鬺［ショウ］〖大 45682　煮る。(略)〗・鬺［ショウ］〖大 45716　煮る。(略)〗に通じる。❸湖南省の古名。
【出典】集韻　【Unicode】6E58

■熟語

【湘淵】《ショウエン》　湘水のふち。汨羅のふち。【湘娥】《ショウガ》　❶湘水の神。舜の妃の蛾皇・女英をいう。湘君。湘妃。❷美人をいう。【湘水】《ショウスイ》　❶川の名。㋑源は広西省興安県の陽海山。（略）㋺源は江西省会昌県の南の打鼓灘。（略）【湘竹】《ショウチク》　斑竹の異称。湘妃が涙を洒いで斑紋をなしたという。簫管を作るのによい。（略）別名、涙竹・湘妃竹。【湘纍】《ショウルイ》　楚、屈原の死をいう。纍とは、罪なくして死ぬこと。

この他、84の熟語がある。

ささひろ・ポイント

中国の地名にあやかって使われ始めた「湘南《しょうなん》」という雅称は、その知名度と印象の良さから次第に指す範囲が広がっていきました。小田原に勤める教員が、小田原駅の辺りにも「湘南」を冠した店名が現れたことについて、同僚と「ずいぶん（遠くまで）来ちゃったね」と笑って話したそうです。ほかにも「湘北《しょうほく》」「西湘《せいしょう》」などの応用が続いています。

壗

【大漢和番号】補 106 国字
【部首】土
【総画数】17
【地域音訓】まま
【字義】まま。盡は儘《ジン》の省略形で，日本語では「まま」と訓じられる。一方，日本の古語の「まま」には，がけの意味がある。土を付し，さらにがけの意味を表す。壗下《ましまた》は，神奈川県南足柄市の地名。
【Unicode】58D7

ささひろ・ポイント

中世に伊豆で現れ、近世に相模《さがみ》の足柄《あしがら》周辺で地名（「壗下《まました》」など）と普通名詞（崖の意）の表記に使われ始めました。著者が大学生のころ、初めて現地調査に赴いた思い出の地です。扇状地の向こうに崖があると聞きましたが、そこを指す「まま」はすでに死語となっていて、「まま」が崖の意を表すという語源意識はほぼ聞かれなくなっていました。この地独自の字という意識もないことが当時は意外でした。調査の過程で、手書き文字などで旁《つくり》を「尽」と書く略字「𡋾」（136ページ）もバス停などで見掛けました。

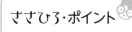

鵠

【大漢和番号】46961
【部首】鳥
【総画数】18
【地域音訓】くげ
【字音】コク・ゴク／コク／コウ・ゴウ／カク
【字義】1❶くぐい。はくちょう。こうのとり。雁より大きく，羽毛白くして光沢あり。その翔けること極めて高いという水鳥。❷しろめる。象牙を磨く。嚳［コク他］〖大 48667〗・皓［コク・ゴク］〖大 35082〗に通じる。❸白い。❹あるいは鵲［コク］〖大 42039〗と書く。❺地名。2❶鵠は，かささぎ。❷弓の的のずぼし。❸四尺四方のまと。侯中。❹あきらか。ただしい。❺あるいは鵲［コク］〖大 42039〗と書く。❻姓。3おおきい。浩［コウ・ゴウ他］〖大 17479〗に通じる。4つる。あるいは鶴［カク・ガク］〖大 47185〗と書く。
【出典】集韻／中華大字典
【Unicode】9D60

■熟語

【鵠纓《コクエイ》】白柔皮でつくった馬のむながい。鵠色で韋をかざった纓。

【鵠企《コクキ》】首をのばし足をつまだてて望む。

【鵠鵠《コクコク》】はくちょうの声の形容。

【鵠酸《コクサン》】酢醤を以ってがんを烹てあつものとすること。

【鵠沼《クゲヌマ／クグイヌマ》】相模国の地名。

【鵠袍《コクホウ》】白い綿入れ。宋代［九六〇－一二七九］、科挙の試に応ずるものが着用したもの。

【鵠鑰《コクヤク》】禁門をとざすじょう［錠］。

【鵠漏《コクロウ》】白い水時計。

この他、39の熟語がある。

ささひろ・ポイント

藤沢市の鵠沼は、もとは「クグヒ（イ）ヌマ」で、転じて「クゲヌマ」となりました。沼に白鳥が飛来したことによる地名とされ、平安時代から見られます。千葉（下総《しもうさ》）の鵠戸《くぐいど・こうど》沼はもとの音訓を残しています。なお、漢語の「正鵠《セイコク》」を「セイコウ」と読むのは「浩」につられたものです。字体については、旁《つくり》を縦棒が下に突き出ない「告」と書いても構いません。字体に揺れのあることに気付かない住民もいます。ちなみに近隣の辻堂《つじどう》の「辻」も、二点しんにょうではなく一点しんにょうで書いても構いません。

椡

【大漢和番号】補 262 国字
【部首】木
【総画数】12
【地域音訓】くぬぎ
【字義】くぬぎ。ブナ科の落葉高木。木と到の合字で，到は，高くのぼり至る意味を表す。また，三ツ椡《みつくぬぎ》は，新潟県北蒲原郡豊浦町［現在の新発田市《しばたし》］の地名。
【Unicode】6921

ワンポイント　この字について、地元越後《えちご》の歴史地理学者小泉蒼軒《こいずみそうけん》［一七九七―一八七三］が、江戸に住む読本《よみほん》作者の滝沢馬琴《たきざわばきん》［一七六七―一八四八］に尋ねたところ、馬琴は全国的に見られる「椚《くぬぎ》」という国字に該当する意味の字で、「俗の造り字」「国字」と答えています。

なお、新潟などで「潟」を「泻」と略すことは、近年減りつつあります。

鮖

【大漢和番号】46089 国字
【部首】魚
【総画数】16
【地域音訓】かじか
【字義】かじか。かじこ。
【Unicode】9B96

■熟語

【鮖谷《カジカダニ》】 越後国「えちごのくに 現在の新潟県」の地名。

ささひろ・ポイント

清流に住む淡水魚の「かじか」は、一般に「鰍」（65ジペー）と書きますが、新潟の関川村《せきかわむら》には鮖谷《かじかだに》という地名があります。「かじか」が川底の小石の間に棲むために、この字が作られたのでしょう。江戸時代には鮖谷村という集落でした。小泉蒼軒（51ジペー）が滝沢馬琴にこの字について尋ねたところ、馬琴は「（近来）土俗の造り字」と答えました（俳諧《はいかい》には別の用法でこの字の使用が見られます）。なお、山梨の鰍沢《かじかさわ》は、蛙の意とも言われています。

瀁

【大漢和番号】18573
【部首】水［氵］
【総画数】18
【地域音訓】ふけ
【字音】ヨウ
【字義】1 2 ❶川の名。漾［ヨウ］〖大18184〗に同じ。もと瀁〖大49234〗と書く。❷水のあふれはびこるさま。❸水のはてしないさま。滉瀁。濼［トウ・ドウ／ショウ・ソウ／ヨウ］〖大18226〗に同じ。
【出典】集韻 【Unicode】7001

■熟語

【瀁瀁】ヨウヨウ 水や心のはてしないこと。

ささひろ・ポイント

この字は、水面が揺れ動くことや、水が深く広い様子を表すところから、越後《えちご》では沼田や沼地、湿地を指す地形語である「ふけ」に当てられました。この「ふけ」には、各地で「泓《オウ／コウ・オウ》」「泭《ホウ・フ》」（136ジペー）などの漢字が当てられています。かつて西頸城《にしくびき》郡に大瀁村《おおぶけむら》があったことを受けたものと見られますが、「瀁」を「ふけ」と読ませるものは、上越市や山形県で今も小地名に散見されます。上越市立大瀁《おおぶけ》小学校という校名は、それを受け継ぐものなのです。

鯳

【大漢和番号】補 753 国字
【部首】魚
【総画数】19
【地域音訓】すけと
【字義】すけとうだら（介党鱈）。タラ科の海魚。北太平洋・日本海の深海に分布する。別名，すけそうだら（助宗鱈）・メンタイ（明太）。魚と底の合字で，そこは，深海にすむ意を表す。
【Unicode】9BF3

ささひろ・ポイント

スケソウダラはスケトウダラともいい、「介党鱈」などの漢字が当てられますが、一字で「鯳」と書くのは国字とされます。北海道大学水産学部で作られた字という話が戦後の新聞に載りましたが、佐渡ではすでに江戸時代から、この字が『佐渡四民風俗《さどしみんふうぞく》』などの書籍や文書に記されていました。佐渡では「スケトウダラ」を「すけと」と呼ぶそうで、近世の文書について前副市長になられた伊貝秀一氏に尋ねたところ、即座に地元の方々と古文書に当たって調べてくださいました。ちなみに明治期の小説家尾崎《おざき》紅葉《こうよう》〔一八六八-一九〇三〕は、佐渡に行った折にこの字について記録しています。

魚が川の底にいるから、という字源のようですが、「そこ」という音も「すけ」と関係していそうです。一方で「底」を当てることに差別感を感じるとの声もありました。漢字「鮉《シ》」を「タラ」の意に用いることは古くからあって、これがベースに作られた可能性もあります。「鯳」の字はJIS第2水準までに入っていませんでしたが、湯呑み茶碗やクイズ番組をはじめ、様々な場面で使われ、辞書にも載るようになっていきました。

峅

【大漢和番号】補 142 国字
【部首】山
【総画数】8
【地域音訓】くら
【字義】くら。谷。弁は，かんむりの意味。かんむりのようにそぎたった山間の深い谷。くらたに（クラは朝鮮語골kul と同系）の意味を表す。芦峅寺《あしくらジ》・岩峅寺《いわくらジ》は，富山県中新川郡立山町［なかにいかわぐんたてやままち］の地名。
【Unicode】5CC5

ささひろ・ポイント

立山信仰の中で育まれた字です。古くは加賀に見られました。中世以降、修験者《しゅげんじゃ》や富士講の行者《ぎょうじゃ》らも造字をしていましたので、発生についてはさらに探っていく必要があります。この字の旁《つくり》は、僧侶などが漢字を略して書く「抄物書《しょうもつが》き」の代表例「艹艹」（菩薩《ぼさつ》の草《くさ》冠《かんむり》部分だけを書いて菩薩を表す）に由来するとの説も唱えられました。富山県富山市坂本の船峅《ふなくら》地区は一九五四年まで船峅村だったところで、加賀藩の郷土史家森田柿園《もりたしえん》［一八三一–一九〇八］がまとめた郷土史料『越中志徴《えっちゅうしちょう》』には「船峅郡」も見られます。

砺

【大漢和番号】補 384
【部首】石
【総画数】10
【地域音訓】と
【字音】レイ
【字義】礪［レイ］〖大 24571　①といし。あらと。きめの粗い砥石。②とぐ。とぎみがく。③通じて厲［レイ／ライ他］（大 3041）と書く。〗の略字。
【出典】集韻
【Unicode】783A

ささひろ・ポイント

越中の南西部にある「礪波《となみ》」は、奈良時代から「利波」の表記とともに見られます。『越中志徴《えっちゅうしちょう》』（55ページ）稿本にも「砺波郡」とありますが、より古くから字体が「礪」→「砺」と略されていたようです。戦後、「砺波町」を経て「砺波市」が誕生しました。南には南砺《なんと》市《し》もできました。公用文や地図などで「砺波平野」と略すこともあります。「栃」（34ページ）もご覧下さい。

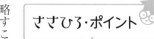

笽

笽

【大漢和番号】補 455 国字
【部首】竹
【総画数】11
【地域音訓】そうけ
【字義】そうけ（笊笥）。ざる。竹で編んだ器。竹と皿の合字。そうけ（笊笥）は，ざるの意味の笊《ソウ》，食物を盛る器の意味の「け」から成る語。また，笽島《そうけじま》／《そうしま》は，姓氏。笽山《そうけやま》は，富山県婦負《ねい》郡八尾町［現在の富山市］の地名。
【Unicode】7B3D

ワンポイント　ざるを意味する「そうけ」という俚言《りげん》（地方特有の単語）に対して、漢字の「[illegible]」（籅）を用いる名字もあります。この字に関する興味深い記事がＷＥＢにありますので、ぜひお読み下さい（小林肇氏「新聞漢字あれこれ52　富山県の方言漢字」https://www.kanjicafe.jp/detail/9218.html）

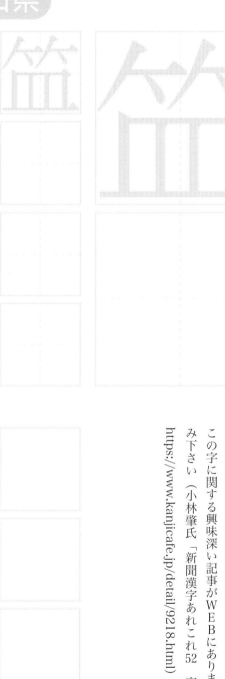

涼

【大漢和番号】17892
【部首】水［氵］
【総画数】12
【地域音訓】あわら
【字音】セン
【字義】泉［セン・ゼン］〖大 17274　[1][2] ①いずみ。②ぜひ。銭のひろく用いられること泉の流行するがごときにたとえていう。③貝の名。蟓［セン・ゼン］(大 33324)に通じる。④錢［セン・ゼン他］（大 40563）に通じる。⑤あるいは洤［セン］（大 17395）と書く。⑥姓。〗に同じ。
【出典】康熙字典
【Unicode】6E76

■熟語
【涼分】アブラブン　越中国［現在の富山県］の地名。

ささひろ・ポイント

「あわら」とは、北陸で低湿地を指し、「芦原」「粟原」などの字を当ててきました。この一字で表すこともあり、「涼分《あわらぶん》」は江戸時代の越中国《えっちゅうのくに》射水《いみず》郡の村名で、今は富山県高岡市の地名です。「あぶらぶん」と読む姓も存在する可能性があります。また新潟には、この字を用いた「妙涼《みょうせん》和樂《わらく》　嵐渓荘」という温泉宿があります。

ちなみに、明治の作家尾崎紅葉《おざきこうよう》は「泉」の下に「灬（れっか）」を加えて「ゆ」を表現する字を作ったと伝えられています。

咋

【大漢和番号】3488
【部首】口
【総画数】8
【地域音訓】くい
【字音】サク・シャク／サク・ジャク／サ・シャ
【字義】①おおごえ。②❶こえが多い。❷くらう。かむ。齰［サク］〘大48614〙・齚［サク・ジャク他］〘大48705〙に通じる。③❶語を発する声。❷しばらく。たちまち。乍［サ・ジャ／サク］〘大130〙に通じる。邦あからさま。明白に。
【出典】集韻
【Unicode】548B

■熟語
【咋咋】サクサク　大きな声。
【咋唶】サクシャク　ひなうた。俚謡。
【咋舌】サクゼツ　舌をかむ。驚きくやむこと。

ささひろ・ポイント

石川県羽咋《はくい》市は、平安時代から「羽咋」の字が使われてきましたが、中世には「羽喰」とも書かれました。現在の大阪府松原市にも、中世に「羽咋荘」という場所があり、やはり「羽喰」とも書かれていた時期がありました。その後、石川の「はくい」は、寛文十一年［一六七一］に「羽咋」に統一されました。

私の講義を受けていた近隣地区出身の学生たちは、「咋」が馴染みの字だったせいでしょうが、「咋日」を「咋日」と書き間違えていました。逆にある日本の航空会社の機内モニターに表示される地図では「羽咋」と誤っているのを確認しました（二〇二四年三月）。

娚

【大漢和番号】6306
【部首】女
【総画数】10
【地域音訓】めおと
【字音】ナン／ノウ
【字義】1諵［ダン・ナン他］〘大 35738　1①語るこえ。②いかっていう。怒言。③誁［ゼン・ネン他］(大 35302)・喃［ダン・ネン他］(大 3903) に同じ。2詀諵は，語る声。喃 (大 3903)・娚 (大 6306) に同じ。3こっそりののしる。諵諛。〙・喃〘大 3903　1語る。くどくどと語る声。2誁 (大 35302) に同じ。3嘗める。喃。邦①なう。呼びかける声。また，語尾に添える助辞。②もうし。呼びかける語。③あっぱれ。〙に同じ。2嬲［ドウ・ノウ］〘大 6626　たわむれる。なぶる。邦①ひきしらう［引き合う］。②うわなり［後妻］。〙に同じ。
【出典】集韻
【Unicode】5A1A

■熟語
【娚杉《メオトスギ》】　加賀国［現在の石川県］の地名。

ささひろ・ポイント

この字は中国では様々な意味で使われましたが、日本では独自に「めおと」という訓読みをもっています。金沢市娚杉町がその代表で、「めおとすぎ・みょうとすぎ」と読みます。江戸時代には村の名でした。並んで生えた二本の杉の幹が交わったものを、各地でこう呼びます。なお、西炯子《にしけいこ》「娚の一生」という漫画のタイトルでは、「おとこ」という読み方がされています。

嵭

【大漢和番号】8359
【部首】山
【総画数】13
【地域音訓】ほう
【字音】ホウ・ヒョウ
【字義】くずれる。
【出典】玉篇
【Unicode】5D6D

ワンポイント　福井県には、勝山市《かつやまし》遅羽町《おそわちょう》嵭崎《ほうき》と福井市横越町《よこごしちょう》14字《あざ》下嵭崎《しもほうき》という地名があります。「ほうき」は方言で崖《がけ》の意なのでしょう。もともとこの漢字は「くずれる」という意味で、それに「キ」と読める「崎」を合わせて「嵭崎」のように熟語化させたとみられます。鳥取では「〓《ほき》」（136ページ）が崖の意で、名字や地名に用いられています。

鰣

【大漢和番号】46378
【部首】魚
【総画数】21
【地域音訓】はす
【字音】シ・ジ
【字義】ひらこのしろ。時魚。鯺[シ]〖大46119〗に同じ。[邦]はす。はそ。淡水魚の一つ。
【出典】集韻
【Unicode】9C23

ささひろ・ポイント

『大漢和辞典』では「鰣」の字義に『倭名類聚抄《わみょうるいじゅしょう》』を引用し、注に「波曾《はそ》」とあると示しています。この「はそ」が「はす」に変わりました（『色葉字類抄《いろはじるいしょう》』「ハソ　ハス」）。この字は中世以降、日記や俳諧《はいかい》などで用いられました。福井県若狭町《わかさちょう》を流れる「鰣川《はすがわ》」は、ハスが群れをなして遡上したことから名付けられたとされます（古くは「蓮川」とも書いたそうです）。ＪＩＳ漢字には、この地名から第3水準に採用されました。

福井県南条郡南越前町東大道《なんじょうぐんみなみえちぜんちょうひがしだいどう》の字《あざ》にも「鰣田《はすた》」の地名があり、道路名にもなっています。「はす田線」と表記する地図があると県内の方が教えてくれました。役場によると読みはやはり「はすた」だそうです。中世からはこの字を「えそ」とも読むようになり、大阪には「鰣谷《えそたに》」（「そえたに」は転倒か）という姓があります。

「はす」はコイ科の淡水魚ですが、中国ではこの字はニシン科の回遊魚を指しました。唐代［六一八－九〇七］の韻書『唐韻』の注記を読み誤ったことによる誤った同定とされていますが（加納喜光『魚偏漢字の話』）、六月から七月頃にオスの体に婚姻色（動物の繁殖期に現れる特有な体色）が現れるため、この字が選ばれた可能性があります。

垈

【大漢和番号】補 81 国字
【部首】土
【総画数】8
【地域音訓】ぬた
【字義】ぬた。沼のように泥ぶかい田。沼田。湿田。大垈《おおぬた》は，山梨県北巨摩《きたコマ》郡双葉町［現在の甲斐《かい》市］の地名。
【Unicode】5788

ささひろ・ポイント

山梨の「垈」（古くは「岱」）は、上部の「代」が「ぬた」の「タ」という音を表すとみられますが、この漢字から「代わる」という意味を見出そうとする説や、年貢を取られないように田んぼであることを隠すための字、という穿《うが》った見方もあります。田んぼではなく、現在はブドウ畑が広がるワイナリーになった「垈」のつく土地もあります。

「垈」は、戦国武将の武田信玄が作ったという伝承もあり、こうした土地の偉人が造字をしたという話は「閖上《ゆりあげ》」の「閖」などにも見られます（18ページ）。なお、中国では「埭《タイ・ダイ》」を「垈」と書く地などもあります。

ちなみにお隣の長野県には「縵《バン・マン》」を「ぬた」と読む縵沢《ぬたざわ》姓があります。植物のカズラのある沢から作られた姓とのことです（『日本姓氏語源辞典』）。「鏝」という漢字がもとと見る説もあります）。そこから転じたのか、「饅《バン・マン》」の字を食品の「ぬた」（酢味噌であえた料理）に当てたものを見かけます。ちなみに九州などではよく「饅頭」を「万十」と当てて書いています。

棡

【大漢和番号】14955
【部首】木
【総画数】12
【地域音訓】ゆずり
【字音】コウ
【字義】❶牆［ショウ］の横木。❷喬木の名。❸掆［コウ］〖大 12240 [1]①あげる。さしあげる。②あるいは抗(大 11889)・扛（大 11798）と書く。[2]かつぐ。〗に通じる。
【出典】集韻
【Unicode】68E1

ささひろ・ポイント

棡原《ゆずりはら》は山梨県上野原市の地名です。常緑樹ユズリハの木からの命名ともいいますが、現地には植生がなく、「柚木」から名付けられたとみる説もあります。南北朝期に「棡原郷」という地名として現れ、「譲原」とも書かれました。江戸時代に「棡原村」となり、昭和四十年代には日本一の長寿の里として知られるようになりました（近くにある「こゆずりはら」は「小杠原村」と書きます）。

この字の使用例は他に、多摩西部を流れる秋川の支流盆堀川《ぼんぼりがわ》にある「棡葉窪《ゆずりはくぼ》」、鹿児島県鹿屋《かのや》市輝北町《きほくちょう》平房《ひらぼう》の小字「棡葉迫」などがあります。この「棡葉迫」からは姓の「棡葉《いずりは》」が生じたそうです（『日本姓氏語源辞典』）。また、福井の「棡山明通寺《ゆずりさんみょうつうじ》」の山号でも使われています。ユズリハとこの字の字義であるカシワの類との間には、薬効をもつなどの共通点があったとされます（寺井泰明《てらいやすあき》『植物の和名・漢名と伝統文化』）。高知県の「梼《ゆす》」もご覧ください（114ページ）。

熟語

【棡鼓《コウコ》】❶鼓の名。掆鼓〖大12240—1〗と同じ。唐書百官志・儀衛志は掆鼓と書き、隋書音楽志・楽府詩集二十一は棡鼓と書く。❷曲の名。棡鼓による曲で、隋・唐の鼓吹曲の一つ。

【棡鼓部《コウコブ》】隋の鼓吹四部の一つ。大駕、および皇太子・王公の鹵簿［ロボ］天子の行列」に用いた。（略）

鰍

【大漢和番号】46331
【部首】魚
【総画数】20
【地域音訓】かじか
【字音】シュウ
【字義】鰌［シュウ・シュ］〘大 46330　①どじょう。②海鰌は，せみくじら。③ふむ。しのぐ。遒［シュウ・ジュ］（大 39008）・蹭［シュウ・シュ他］（大 37707）に通じる。④あるいは鰍（大 46331）と書く。〙に同じ。邦❶いなだ。ぶりの幼期の称。❷かじか。渓流の水底に棲む小魚。❸うなぎ。
【出典】集韻
【Unicode】9C0D

■熟語
【鰍澤】カジカサワ　甲斐国［現在の山梨県］の地名。

ささひろ・ポイント

淡水魚のカジカは、江戸時代の俳諧《はいかい》で「鰍」の字が当てられているように、秋が旬で秋の季語にもなっています。岩手県滝沢市の地名でも鵜飼鰍森《うかいかじかもり》と使われていますが、山梨県南巨摩《みなみこま》郡富士川町《ふじかわちょう》の鰍沢《かじかざわ》は観光名所として江戸期から有名で、葛飾北斎《かつしかほくさい》作『富嶽三十六景』には、別の字を使った「甲州石班澤《かじかざわ》」という一枚があります。

この地名の由来は、清流に住むカジカ、ないしカジカガエルのことである河鹿によるものと伝えられていますが、「上方《かみがた》の処」などの語からとも考えられています。戦国期の「武田晴信《たけだはるのぶ》印判状」などに現れ、近世に「鰍沢村」となりました。二〇一〇年に増穂《ますほ》町と合併して富士川町となり、鰍沢町は廃止されました。「鮖《かじか》」（52ページ）もご覧下さい。

卅

【大漢和番号】2700
【部首】十
【総画数】4
【地域音訓】シュウ
【字音】ソウ
【字義】❶三十。卉［ソウ］〖大2719卅の本字。〗に同じ。❷貝八十枚。
【解字】会意。十を三つ合わせて、三十の意とする。
【出典】集韻
【Unicode】5345

ささひろ・ポイント

「卅」は数の「30」を意味する漢字ですが、現代の日本で漢字では「三十」としか書かなくなって、空き家のような字になっていました。そのためか、「信州」「甲州」「九州」などに使われている書きにくい「州」の字をよく書く人たちは、「州」の代わりに筆画を略して「卅」を書くことがあるのです。中国でもこのように続けて書くことがありました。

一方で、「州」を立刀《りっとう》（刂）が三つと見たてて「三刀」と呼び、実際に「刀」を三つ、「品」のように重ねる書き方「刕」もあり、さらに下部が「摂」の右下の「〻」のように略されることもありました。

汐

【大漢和番号】17122
【部首】水［氵］
【総画数】6
【地域音訓】せき
【字音】セキ・ジャク
【字義】❶しお。うしお。㋑夕に起こるしお。ゆうしお。㋺ひきしお。干潮。❷川の名。河南省登封県。
【名乗】キヨ。
【出典】集韻
【Unicode】6C50

ささひろ・ポイント

長野県の松本平《まつもとだいら》（別名筑摩《ちくま》野《の》）や隣接する群馬県では、用水路を意味する「堰《せき》」を分かりやすく書きやすくした「圦」と書くことがありました。読みの「せき」や訛語《かご》（訛《なま》った語形）の「せぎ」を、音読みでセキと読む「夕」の字に替えて書いたのです。

また、水が関係することから「汐」の字で代用する人が、松本のほか諏訪《すわ》盆地にもいました。これはかつて諏訪高島藩《たかしまはん》の用字となり、さらに略して偏《へん》は「冫（にすい）」でも書かれたりしました。「汐」は地名の表記に残り、今でも堰を管理する人には、これらの字を帳簿に書く人がいるそうです。

ちなみに「杓」「酌」などの字の旁《つくり》である「勺」は、しばしば「夕」と書かれました。「汐」を「シャク」と読ませる滋賀県の小地名も、それによるものと思われます。

日下部富蔵『栄《さか》ゆく文字』［一九三五］では「漢字の地方字」という項に、「我國にて作りたる漢字を国字といふ人あり」「これに似て或地方のみにて用ひらるゝ文字あり、これを地方字と名づけむ」とあり、「地方文字」とも呼んで例を挙げ、松本市の近在で「堰」を「圦」、金沢の田舎に「娚杉《めおとすぎ》」（60ページ）、岡山地方で「たを」を「乢」（98ページ）とするものなどがあると述べています。

■熟語

【汐社《セキシャ》】宋の謝翶〔シャコウ〕が友を会した所。
【汐潮《セキチョウ》】夕しおと朝しお。潮汐。
【汐曇《シオグモリ》】潮のさしてくる時の水気で空の曇ること。また、潮気のために海天の曇って見えること。

蛼

【大漢和番号】33079
【部首】虫
【総画数】13
【地域音訓】こおろぎ
【字音】シャ
【字義】蛼螯［シャゴウ］は，貝の名。蜆に似て大。通じて車［キョ・コ／シャ］〖大38172〗と書く。邦❶あしまつい。幼時,かまきりの腹の内に寄生して,のち水の中に入って老成する一種の線虫。❷こおろぎ。
【出典】集韻
【Unicode】86FC

ワンポイント　「蛼」は長野県などで小地名に見られます。「こおろぎ」は熟字訓で「蟋蟀」と書きますが、この「蛼」も中世から当てられてきた字です。芭蕉なども作品に用いており、字面の関係からか俳句の世界で好まれています。なお、宮崎の「輿梠」姓は「こうろぎ（き）」で、語源を異にします。

樰

【大漢和番号】補 275 国字
【部首】木
【総画数】15
【地域音訓】たら
【字義】❶たら。樰沢《たらさわ》は，姓氏。❷ゆき。樰沢《ゆきざわ》は，姓氏。木と雪（樰の省略）の合字で，国字の鱈《たら》の音を取り，たらのきの意味を表し，女房言葉では，「たら」を「ゆき」とも言うので，たらのきの意味で，「ゆき」とも読む。
【Unicode】6A30

ささひろ・ポイント

この字の旁《つくり》「雪（雪）」は、「鱈」の省略ともいわれます。中世の宮中では白い食べ物を「ゆき（雪）」と呼ぶ女房言葉がありました。「樰沢（澤）《たらさわ》」姓は千葉の館山《たてやま》藩士に見られ、現在は長野県の中野市などで見られます（『日本姓氏語源辞典』『方言漢字事典』）。他県でのタラサワ姓には「桜沢（澤）」「椋沢（澤）」もあります。「樰沢《ゆきさわ》」という姓もあるとされますが、実在するかどうかはまだ確認されていません。戸籍に読み仮名が付されるようになりますので、その結果を待ちたいと思います。なお、「彐」の部分は「ヨ」と書いても同じ字です。

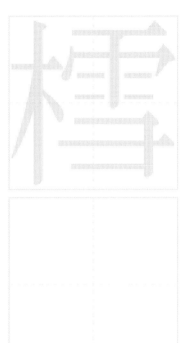

阜

【大漢和番号】41534
【部首】阜
【総画数】8
【地域音訓】フ
【字音】フウ・ブ／フ
【字義】❶おか。大陸。もと𠂤[フ]〖大41535〗と書く。❷おおきい。❸おおきくなる。❹おおきくする。❺さかん。❻さかんにする。❼あつい。❽あつくする。❾たかい。❿おおい。⓫こえる。ふとる。⓬わかい。⓭のびる。そだつ。⓮やすらか。⓯いなご。蛗[フウ・ブ]〖大32994〗に通じる。⓰いにしえ，罝[フ]〖大4214〗と書く。⓱こざとへん。漢字の偏の名。⓲姓。
【名乗】タカ。オカ。アツ。
【解字】もと𠂤と書く。象形。石のない土山の形に象る。おか。また、広大な土地、大陸。転じて、おおきい・さかん等の意に用いる。
【出典】集韻
【Unicode】961C

■熟語

【阜安】《フアン》 盛んで安らかなこと。
【阜熙】《フキ》 豊かで安らかなこと。
【阜螽】《フシュウ》 いなご。稲虫。
【阜成】《フセイ》 立派にしあげる。立派なものにしあげる。大成。
【阜垤】《フテツ》 こだかい丘。
【阜偏】《コザトヘン》 漢字の偏の名。阿・降などの字の左方にある阝をいう。
【阜老】《フロウ》 村里の重立った老人。父労老。
【阜落】《フラク》 古の国の名。
このほか、22の熟語がある。

ささひろ・ポイント

「阜」は常用漢字に追加されたのですが、まだ他県では「阜」の誤記が多く、難しい字を先に書こうとするせいか「阜岐」もしばしば現れます。岐阜の他に「阜」という字が使われている例としては、例えば高松市立亀阜《かめおか》小学校があります。最初は明治五年［一八七二］に高松藩主松平頼聰《よりとし》公の別館「亀阜荘」に、県学亀阜学校として設置されたものです。今も高松市亀岡町にあります。

纐

【大漢和番号】28050 国字
【部首】糸
【総画数】21
【地域音訓】コウ
【字義】こう。絞をくくると訓じ，纈が頁［く《ひ》］にしたがうゆえ，絞もまた頁にしたがったもの。纐纈《コウケツ》は，しぼりぞめ。くくりぞめ。今の板締の類。交纈。夾纈。
【Unicode】7E90

■熟語
【纐纈】ハナフサ／コウケチ　姓氏。

ささひろ・ポイント

「夾纈《きょうけつ》」が中国・韓国や平安朝の日本で「纐纈」と字体に同化が起こりました。中世以降さらに「纐纈」と変化し、読みもコウケチ、コウケツになります。目立つためNHK「日本人のおなまえ」で取り上げられ、監修しました。

纐纈姓は平安時代、美濃国《みののくに》（岐阜県可児《かに》市久々利《くくり》）が起源とされます。岐阜県南部から愛知県尾張地方に多く存在します。字が複雑なので、「吉」を「告」と書いたり、糸偏《いとへん》を行人偏《ぎょうにんべん》で書いたりする字体も現れたそうです。戦中の手紙で「纐告」姓が名古屋にあったほか、「絞結」や「交告」と略した姓まで見られます。読み方には他に「はなぶさ」「きくとじ」「くくり」も派生しました。『大漢和辞典』は近世の『日用重宝記』から「ハナフサ」と読む姓氏を引用しています。これは明治期の『難訓辞典』（姓では「くくりぞめ」も）からの引用と見られます。大正期の『大字典』では「『東鑑《あずまかがみ》』に纐纈源吾をキクトヂ源吾とよませたるは非なり。ユハタ源吾なり」という文章を引き、名乗として「きくとじ」も載せています。前者は『秋斎間語《しゅうさいかんご》』巻四に出てきます。また、国枝史郎《くにえだしろう》［一八八七―一九四三］の伝奇小説『神州纐纈城』など文芸作品にもしばしば利用されています。

墹

【大漢和番号】補 100 国字
【部首】土
【総画数】15
【地域音訓】まま
【字義】まま。間は，間間《まま》の意味。がけの意味を表す日本の古語。墹中《ままなか》は，姓氏。墹之上《ままのうえ》は，静岡県田方郡伊豆長岡町［現在の伊豆の国市］の地名。
【Unicode】58B9

ワンポイント　伊豆《いず》の国市《くにし》の「墹・墹之上《ままのうえ》」では，この字の「門」の部分を略字の「门」で書くケースもありますが，若い世代ではそうした書き方は減っているかもしれません。「まま」については「圸」（24ページ）、「墱」（29ページ）、「壗」（49ページ）、「𡋽」（136ページ）も参照して下さい。

橸

【大漢和番号】補 278 国字
【部首】木
【総画数】16
【地域音訓】たる
【字義】まさ。木目《モクめ》がまっすぐ通っていること。正目《まさめ》。木と晶の合字で，晶は，日本の古語で「まさ」と訓じるので，木を付し，まさの意味を表す。柾〔キュウ〕〖大 14675〗と同じ。
【Unicode】6A78

ささひろ・ポイント

「橸」はＪＩＳ漢字の第２水準に入っていますが、採用された根拠が不明で幽霊文字（典拠不明の字）とされた字です。以前、『角川日本地名大辞典』の「小字名一覧」（約三〇〇万件）を二度通覧し、静岡市の「石橸《いしだる》」という用例を見出しました（熊本の「膤割《ゆきわり》」などもその時に見付けました）。静岡県史編纂資料の一つ「安倍郡小字名台帳」（静岡県立中央図書館）などでは「石橸」となっていました。この二字目の「橸」は、タルを意味する漢字です。「石橸」は傾斜地で人は住んでいないそうですが、周辺ではこの地名が「石だる」「石ダル」とも書かれています。「橸」をタルとして使う小地名は他の地にもあります。

「橸」が生まれた経緯としては、『国土行政区画総覧』（142ページ）に出ている字であるにもかかわらずＪＩＳ漢字第２水準に落ちている「榀《しな》」（シナノキ）を転記する際に書き間違えた字という可能性が高いようです（この「榀」はその後、第３水準に入りました）。

漢字には偶然が起こるものですが、調査を進める過程で、江戸時代には俳諧《はいかい》でこの「橸」を「まさ」と読ませたと見られる別種の用例まで現れました。旁《つくり》の「晶」は日本の古語で「まさ」と訓じるので、木＋晶で正目、木目がまっすぐ通っている意味で使われたと言えそうです。

江戸時代初期の漢和辞典『法華《ほっけ》三大《さんだい》部《ぶ》難《なん》字記《じき》』には、さらに別種の用例が拾えます。

杁

【大漢和番号】補 248 国字
【部首】木
【総画数】6
【地域音訓】いり
【字義】いり。圦［いり］〖大4879〗とも書く。杁江《いりえ》・杁山《いりやま》は，姓。杁ヶ島《いりがしま》・枠杁《わくいり》町は，愛知県の地名。
【出典】和字正俗通
【Unicode】6741

ささひろ・ポイント

尾張藩の用字である「杁」に対して、江戸幕府などでは用水路には「圦」を用いました。現在の尾張地方を越えた和歌山でもこの字を訛語《かご》形で「ゆり」と読んで地名などに使われ、今も「圦本《ゆりもと》」と読む姓にも残っています。近世の紀伊では「圦《エフリ》」を「誤りて二字となし」「土入村」ができたとの推測もなされていました。「圦」は稲を積み上げた「ニュウ」に当てる地域もありました（「鳰《ハト》」が元という説は誤りでしょう）。

この他、福井市の土地台帳（明治〜昭和初期に土地ごとの所有者が記載されていた徴税用台帳）で「松」を「杁」と書いてあるのを見たことがあります。ちなみにその土地台帳（閉鎖台帳、一九七六）では、同じく用水路の意の地名「どんど」に「泮堂」という字も使われています（七枚とも、「堂」の字は朱で抹消されていました↓136ページ）。

鋺

【大漢和番号】40507
【部首】金
【総画数】16
【地域音訓】ま
【字音】エン・オン
【字義】1はかりのさら。2鋤の頭にある曲がった鉄。鋺［エン・オン］〖大40774　鋤の頭にある曲がった鉄。あるいは鋺（大40507）と書く。〗に同じ。邦かなまり。金属製の椀。
【出典】玉篇／集韻
【Unicode】92FA

■熟語

【鋺《マリ》師《シ》】　姓氏。

ささひろ・ポイント

名古屋市北区にある地名の「味鋺」の読み方は「あじま」で、そこには古来より「味鋺（あじまりの・あじま・みまり・みそまり）神社」があります。平安時代から「味鏡」「味鋺」という表記が混用されてきましたが、江戸時代に「味鋺」に統一されました。読みにある「まり」は水・酒などを入れる丸い器を指す古語で、「椀」「鋺」を当てます。金属製のわんは「かなまり」になるので「金椀」「鋺」を当てました。

鯱

鯱

鯱

【大漢和番号】46286 国字

【部首】魚

【総画数】19

【地域音訓】しゃち／コ

【字義】しゃち。しゃちほこ。

【Unicode】9BF1

ワンポイント　二〇〇四年に人名用漢字に追加する候補を法務局の資料を対象として調査した際に、山形のほか名古屋、津の管内で、この字を名付けに使いたいとの要望が記録されていました。短歌には、名古屋城の金の鯱《しゃち》を模した「金鯱《きんこ》号」という名古屋港の遊覧船（二〇〇〇年四月に引退し、韓国の仁川で運航中〈二〇二四年現在〉）を詠う作も見られます。

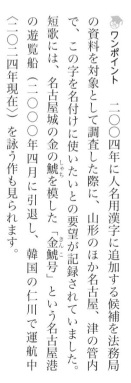

泗

【大漢和番号】17294

【部首】水［氵］

【総画数】8

【地域音訓】シ

【字音】シ

【字義】❶川の名。【泗河】を見よ。❷はなしる。鼻液。

【出典】集韻

【Unicode】6CD7

熟語

【泗英】《シエイ》 清、曾紹孔〔ソウショウコウ〕（大14299—205）の字〔あざな〕。【泗河】《シカ》 川の名。源は山東省泗水県陪尾山。四水幷び発す。禹〔ウ〕夏王朝の始祖〕の故蹟〔遺跡〕。泗水。【泗沂】《シギ》 泗水と沂水。二川ともに山東省にある。【泗涇】《シケイ》 ❶川の名。浙江省松江県の東。松江県の祥澤塘から出て、黄浦に注ぐ。❷江蘇省青浦県の東。また、會波村という。明の陶宗儀〔トウソウギ〕の南村草堂がある。

この他、24の熟語がある。

ワンポイント 中国の大儒である孔子が生まれた地が山東の「泗水」だったことから、この字は明治期頃までは知識人に馴染み深い字だったのです。憧れる気持ちをもって地名の字に選ぶ人もいたことでしょう。「泗」は四日市《よっかいち》を指し、また熊本では「泗水」という地名になりました。

湟

【大漢和番号】17850

【部首】水［氵］【総画数】12

【地域音訓】ほり

【字音】コウ・オウ／キョウ・コウ

【字義】1❶ほり。城池。❷くぼち。❸おぼれる。❹汨湟［イツコウ］は，水の流れるさま。❺川の名。【湟水】を見よ。2つめたい水。況［キョウ・コウ］〘大17264〙に同じ。

【出典】集韻 【Unicode】6E5F

■熟語

【湟潏】《コウケツ》 水の流れの早いさま。潏湟。

【湟溱】《コウシン》 清、程可則［テイカソク］（大25081—163）の字［あざな］。

【湟水】《コウスイ》 川の名。❶源を青海の東北、噶爾蔵嶺に発し、甘粛省境に入り、大通河と合して黄河に入る。湟河。❷一名、洭水。北江の上流。（略）

【湟潦】《コウリョウ》 低い水溜り。

この他、6の熟語がある。

ささひろ・ポイント

この字は、地名としては三重県いなべ市大安町石榑《だいあんちょういしぐれ》東《ひがし》の字《あざな》「湟川《ほりかわ》」に見られ、伊勢市にも「藏人湟《くらんどほり》」の字があります。「湟川」姓は島根県にあり、皇室とのゆかりがあって作られたとの伝承があるそうです。「湟打《ほりうち》」姓は大阪府、奈良県にあります。

ただしこの字は、一般的な漢字を集めた資料に載っていたためにＪＩＳ第2水準に入ったもので、地名や姓という固有名詞での使用だけを理由に入った字ではなかったようです。

琵

【大漢和番号】21080
【部首】玉　【総画数】12
【地域音訓】ビ
【字音】ヒ・ビ
【字義】❶楽器の名。もと鞞［ヒ］〖大21175〗と書く。【琵琶】を見よ。❷楽器の絃を手前から前方に弾いて鳴らすこと。❸批［ヘイ・ハイ／ヒ他］〖大11845〗に通じる。
【出典】集韻　【Unicode】7435

■熟語

【琵琶】《ビワ》楽器の名。枇杷・鞞婆などとも書く。桐の木を剜［えぐ］って作り、胴は茄子形、表は平らで背は丸く、曲首長頸、四絃四柱。全長、中国尺で三尺五寸［約117cm］。撥［ばち］で弾く。我が国のものは、通常四絃、時に五絃。胴は平たく、長さ一尺八寸［約54cm］ないし二尺七寸［約81cm］。インドから西域を経て中国に入り、我が国へは奈良時代に来た。（略）この他、22の熟語がある。

ささひろ・ポイント

滋賀県の面積の六分の一を占める日本最大の湖水を「琵琶湖」と呼ぶことは、中世の漢詩集から見られます。湖の形が楽器の琵琶や、そこから派生した果実の枇杷《びわ》に似ていることが由来とされますが、異説も聞かれます。地元では「びわ湖」「びわこ」などの表記も見られ、そのためテレビ番組のテロップなどでも「びわ湖」が選ばれることがあります。「琵琶」はペルシャのbalbatという楽器の音訳による造字でした。多くの人が古文で「琵琶法師」を習うので、実物を見たことがなくても身近な楽器かもしれません。琵琶湖の異称「鳰の湖《におのうみ》」は、しこ名となって力士の出身地を表しています。「鳰」は国字です。

鰉

【大漢和番号】46323
【部首】魚
【総画数】20
【地域音訓】ひがい
【字音】コウ・オウ
【字義】大魚の名。鱑［コウ］〘大46490　鰉［コウ・オウ］（大46323）に同じ。〙に同じ。邦ひがい。琵琶湖に産するはぜに似た魚。明治天皇が殊にこの魚を好まれたゆえに皇魚の意をもってこの字を用いる。
【出典】集韻
【Unicode】9C09

ささひろ・ポイント

琵琶湖や瀬田川などの淡水に住むコイ科の魚である「ヒガイ」は、大槻文彦《おおつきふみひこ》編の辞典『言海《げんかい》』［一八八九―一八九一］では「ヒガヒ」とカタカナでしか載っておらず、漢字表記がありませんでした。

明治二十三年［一八九〇］に、明治天皇が琵琶湖疏水《そすい》の開通式に出席した際、大津市瀬田の儀田清右衛門が献上した瀬田川のヒガイを、滋賀県庁で食して気に入られます。この時の献立表でもまだ「ヒガイ」でした。明治二十九年に儀田は滋賀県知事ないし宮内省に「鰉」という字を当てることを進言し、そこからこの字がヒガイとして使われるようになったとされます。この頃、「カバン」に「鞄」という字が当てられる（銀座のカバン専門店主谷澤禎三《たにざわていぞう》によって当てられた話が有名）など、「鰉」のような国訓や国字があちこちで作られていました。

儀田は没後、墓碑に「儀田鰉翁之墓」と刻まれたそうです。大槻編『大言海』［一九三五］はこうしたエピソードを簡単に記すとともに、「鰉」「鰉す《ひがい》（江戸語で痩せて弱々しい人の意）」を収めています。ほかにも一番偉い魚だからこう書くという言い伝えも見られます。

なお、この字は、中国ではチョウザメの一種を指しました。

料金受取人払郵便

本郷局承認

6460

差出有効期間
2025年12月31日
まで

郵便はがき

113-8790

東京都文京区湯島2-1-1
大修館書店 営業部 行

■ご住所

都道府県	市区郡

■年齢

歳

■性別

男
女

■ご職業（数字に○を付けてください）

1　会社員　2　公務員　3　自営業
4　小学校教員　5　中学校教員　6　高校教員　7　大学教員
8　その他の教員（　　　　　　　）
9　小学生・中学生　10　高校生　11　大学生　12　大学院生
13　その他（　　　　　　　）

23289　知る人ぞ知る方言漢字128

愛読者カード

＊ 本書をお買い上げいただきまして誠にありがとうございました。

(1) 本書をお求めになった動機は何ですか?

① 書店で見て（店名：　　　　　　　　　　　　　　　　　　　　）

② 新聞広告を見て（紙名：　　　　　　　　　　　　　　　　　　）

③ 雑誌広告を見て（誌名：　　　　　　　　　　　　　　　　　　）

④ 雑誌･新聞の記事を見て　　　⑤ 知人にすすめられて

⑥ その他（　　　　　　　　　　　　　　　　　　　　　　　　　）

(2) 本書をお読みになった感想をお書きください。

［　　　　　　　　　　　　　　　　　　　　　　　　　　　　　］

(3) 当社にご要望などがありましたらご自由にお書きください。

［　　　　　　　　　　　　　　　　　　　　　　　　　　　　　］

◎ ご記入いただいた感想等は、匿名で書籍のPR等に使用させていただくことがございます。

洛

【大漢和番号】17383
【部首】水［氵］
【総画数】9
【地域音訓】ラク
【字音】ラク
【字義】❶川の名。【洛水】を見よ。❷地名。【洛陽】を見よ。❸つらなる。つぐ。まとう。絡〖大 27426〗に通じる。❹つきる。垎《カク・ギャク》〖大 5033〗に通じる。❺水のしたたるさま。洛洛。❻雒《ラク》〖大 42026〗に通じる。❼路〖大 37524〗と同じ。❽古，条《ラク》〖大 17384〗と書く。❾姓。邦らく。京都の雅称。
【出典】集韻
【Unicode】6D1B

■熟語

【洛花《ラクカ》】牡丹の異名。洛陽花。

【洛水《ラクスイ》】❶川の名。㋑雒水とも書く。源は陝西省雒南県の家嶺山。黄河に注ぐ。㋺源は陝西省定邊県の東南の白於山。渭水と合流して黄河に注ぐ。北洛水ともいう。❷県名。隋が設置。

【洛書《ラクショ》】禹の時、洛水より出現した神亀の背にあったという九つの模様。（略）

【洛陽《ラクヨウ》】❶洛水の北に位置し、周公が王城を営んだ地。東周はここに都を置き、後漢・西晋・後魏・隋・五代なども同様。（略）❻京都の雅称。中国の都洛陽に比して平安京の左京をいう。

この他、90の熟語がある。

ささひろ・ポイント

有名な「洛中洛外《らくちゅうらくがい》図《ず》屏風《びょうぶ》」の「洛中」は平安時代からの語で、みやこの中の意、平安京左京の中を指し、現在では京都の主に市街地を指します。京都を中国の洛陽《らくよう》になぞらえた雅称です。江戸時代には「洛北」などの表現も見られるようになります。

「洛」は学校名や「上洛」などの語で今も使われるため、「落」という漢字を「氵（さんずい）に茖」と書く誤字が京都では少ないのではないかと想像して、京都の大学に通う学生たちの字を調べたことがありましたが、都内とほとんど差が現れませんでした。

椥

【大漢和番号】補 266 国字
【部首】木
【総画数】12
【地域音訓】なぎ
【字義】なぎ。なぎのき。マキ科の常緑高木。ちからしば。形声文字で，音符の和は，「なぎ」の読みを表す。のち，誤って知に変形した。また，椥ノ森町《なぎのもりちょう》は，京都府今熊野池田町［現在の京都市東山区今熊野池田町］の地名。
【Unicode】6925

ささひろ・ポイント

「椥・」は人に道を知らせた木といういわれが説かれていますが、室町時代には「木＋和」で「なぎ」と読ませた用例もあり、その変形である可能性がありまます。近世の国語辞典『倭訓栞《わくんのしおり》』や地誌『山城志《やましろし》』『紀伊続風土記《きいぞくふどき》』にも「椥・辻《なぎのつじ》（なぎつじ）」や、「椥泉《なきのしみつ》」が載っています。ナギは竹のような葉を付けるところから中国では「竹柏」と呼ばれており、そこからはベトナムのチュノム（ベトナム独自の文字で「字喃」と書く）で竹を表す「椥・《エチ》」が想起されます。

ちなみに「紦（音はBa《バー》）」というチュノムが近世に日本へ伝来した実例もありますが、時代から見てもこれは字体の暗合・衝突でしょう。なおこの字は京都の西陣などで、「紹紦《しょうは》」「紦《パー》」と読んで用いられ続けています。

余談ですが京都の特に街中では、「都」の「者」の部分の「ノ」の起筆位置が「者」のように低く突き出ない字体が多く見られます。この書きやすく読みやすい字形の流行は、大正時代の頃に流行ったデザイン文字からのようです。東京都ではほぼ見掛けることはありませんが、栃木の宇都宮などでは見られることが確認されています（『方言漢字事典』）。

嗎

【大漢和番号】4065
【部首】口
【総画数】13
【地域音訓】いななき
【字音】バ
【字義】❶罵［バ・メ］（大28333）の俗字。❷現麼［マ］（大47893）に通じる。疑問の助辞。
【出典】中華大事典
【Unicode】55CE

■熟語

【嗎啡】mǎ fēi　モルヒネ。morphine の音訳。

ささひろ・ポイント

「嗎」は中国では「罵」の俗字でしたが、現在では簡体字で「吗」と書き、ma《マ》という口頭の語気助詞や発音だけを表す漢字です。一方、日本の京都には「馬」と「口」とからなる会意文字として「いななき」と読ませる小地名があります。それが京都府与謝《よさ》郡与謝野《よさの》町字後野《ちょうあざうしろの》の小字《こあざ》「嗎《いななき》」と「嗎岡《いななきおか》」です。中・日それぞれの字の構成要素の使い方や掛け合わせ方が対照的で、発音と、構成要素から広がった意味との対極を示しています。JIS第3水準に採用されています。

ちなみに埼玉の地名には、漢字で「嘶」と書いて「いななき」と読むものがあります。

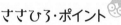

罧

【大漢和番号】28285
【部首】网［罒］
【総画数】13
【地域音訓】ふし
【字音】シン／リン
【字義】1234ふしづけ。柴を水中に積んで魚を集め捕らえるしかけ。あるいは槮［シン他］〖大15370 123①木の長いさま。(略)〗・⿱罒參［シン］〖大28348　ふしづけ。罧［シン／リン］(大28285)に同じ。〗と書く。もと⿱罒森〖大28310　罧(大28285)の本字。〗と書く。
【出典】集韻
【Unicode】7F67

ワンポイント　京都府の京都市右京区に「梅津罧原町《うめづふしはらちょう》」「嵯峨罧原町《さがふしはらちょう》」があります。もとは梅津村西梅津字罧原、嵯峨町上嵯峨字罧原で、漢字義に沿った読み方です。「罧原堤《ふしはらづつみ》」は下京区にあった下嵯峨《しもさが》村の南端から、大堰川《おおいがわ》(桂川)の東に沿って南北に通じる堤防です。罧原の名自体は「伏原」からとされます。

阪

【大漢和番号】41562
【部首】阜［阝］
【総画数】7
【地域音訓】さか／ハン
【字音】ハン・ホン／ハン・バン
【字義】1❶さか。❷つつみ。❸山のわき。❹高いおか。❺けわしい。❻かたむく。❼ななめ。❽そむく。反［ハン・ホン他］〖大 3127〗に通じる。❾あるいは，坂［ハン・ホン他］〖大4910〗・岅［ハン］〖大 7914〗と書く。2❶さか。つつみ。あるいは，坂〖大 4910〗・皈［ハン］〖41563〗と書く。❷阪泉は，地名。
【出典】集韻
【Unicode】962A

■熟語

【阪迎《サカムカエ》】❶昔、京都の人の伊勢参宮から帰る者を、逢坂山に出迎えたこと。❷旅路から帰る人を出迎えすること。【阪戸《カンゼ》】姓氏。【阪阻《ハンショ》】けわしいさか。【阪枕《サカマクラ》】大嘗会［だいじょうえ］のとき神に奉る枕。【阪鳥《サカドリ》】❶朝早く山坂を越えて行く鳥。❷あさこえ（朝越）の枕詞。【坂東《バンドウ》】碓氷峠・足柄山以東の義。関東。［坂東太郎《バンドウタロウ》］利根川の異称。【阪茂《サカモチ》】姓氏。【阪輿《サカゴシ》】四方輿等の屋形を取り去って下ばかりのものをいう。山坂の通行などに用いる。
この他、16の熟語がある。

ささひろ・ポイント

大阪出身の将棋棋士として有名な坂田三吉の本名は〝阪〟田姓でした。映画「翔んで埼玉2～琵琶湖より愛をこめて」では、大阪風のものが流行ることを「韓流《ハンリュウ》」になぞらえ、「阪流ブーム」「阪流ファッション」と表現していました。

ちなみに阪急電鉄大阪梅田駅の「田」は戦後、他の「〇田」駅と瞬時に見分けられるようにきっぷなどで「図」とデザインされています。自動改札となった今でも残っていて、字体に地域色が感じられます。この「図」はもとは崩し字によるもののようで、別の意味の漢字（すでに廃字）と重なってしまうものの実害はありません。また、「堺」という字にも、堺市近辺における使用頻度などの面で地域性が見出せます。

鮓 鮓

鮓

【大漢和番号】46076
【部首】魚
【総画数】16
【地域音訓】すし
【字音】サ・シャ／サ・ジャ
【字義】1❶つけうお。すづけのうお。鹽米［エンベイ］などに漬けた魚。❷鮺［サ・シャ］〖大 46156〗に同じ。2くらげ。あるいは蚱［サク・シャク／サ・シャ］〖大 32919〗と書く。邦すし。鮨。
【出典】集韻
【Unicode】9B93

ささひろ・ポイント

平城京から出土した奈良時代の木簡《もっかん》に、「すし」という言葉に当てた国訓の「鮓」「鮨」という漢字が見られます。これらの字は「酢」や「旨い」「脂」とは直接の関係はありませんが、現在ではよく関連が意識されるようになりました。明治期以降、銀座などの高級な江戸前ずし店では「鮨」表記が好まれるようになり、「鮓」は現在だと主に近畿の押しずしの表記に残っています（『方言漢字』）。「寿し」「寿司」は江戸時代に生まれためでたさを表現する表記で、「鮨」「寿司」「寿し」が同じ店で看板に使われているケースも見かけます。出前寿司チェーンの「柿家鮓」は、表記が「柿家鮨」になり、さらに「柿家すし」になったようです。共通字化の一例です。

「鮓」は、埼玉などのすし店でも個別に選ばれていますが、東京、沖縄などではこの字を見たことがないと言う人が増えつつあります。近畿でも共通字化が進むなか使用例が減ってきていますが、地名ではなお西日本に分布しています。

熟語

【鮓魚】《サギョ》 くらげ。水母。海月。
【鮓滓】《サシ》 かす漬けの魚。すし。
【鮓荅】《サトウ》 蒙古人が雨を祈るに用いる走獣の腹中より出た石。大なるものは、雛卵のごとし。牛黄［ゴコウ］・狗宝［クホウ］の類。
【鮓子南】《サシナン》 松をいう。高麗の方言。

岼

岼 岼

岼

【大漢和番号】補 144 国字
【部首】山
【総画数】8
【地域音訓】ゆり
【字義】ゆり。山の中腹の小さな平地。また、京都府天田郡三和町［現在の福知山市三和町《みわちょう》］の地名。
【Unicode】5CBC

ささひろ・ポイント

「ゆり」は京都府中・北部、兵庫県北東部にまたがる「丹波《たんば》地域」における小平坦地を指す方言で、兵庫県丹波市市島町徳尾《いちじまちょうとくお》に岼貝橋が掛かり、丹波篠山市《たんばささやまし》桑原には岼ヶ鼻川《ゆりがはながわ》が流れています。京都府福知山市《ふくちやまし》の岼《ゆり》地区では、岼バス停のほか岼城、岼浄水場、岼共同集荷所など建造物や施設の名でもこの字を見掛けます。この地名から「岼」は姓にもなっています。旁《つくり》は「平」でも同じ字です。

鷆

【大漢和番号】47213
【部首】鳥
【総画数】21
【地域音訓】テン
【字音】テン・デン／シン
【字義】①②かすい［蚊吸い］。黄白の雑文［斑文《ハンモン》まだら模様のこと］があって，声は鵁［コウ］に似た鳥。蚊母［ブンボ］。吐蚊鳥［トブンチョウ］。鷏母［ブンボ］。
【出典】集韻
【Unicode】9DC6

ささひろ・ポイント

「鷏《てん》和《わ》」は兵庫県赤穂《あこう》市の地名です。略字で「鷆和」とも書きます。明治九年［一八七六］に鳥撫村と眞（真）木村が合併する際に、新しい村名を二つの村の名前の頭文字を合わせた「鷏」とし、互いに「和」すことを期して作られた合成地名でした。

鷏和地区にある駅名は「てんわ」の読みを簡単な漢字にした「天和」で、この表記を地名に用いることもあります。同様のケースに、宮城県の「塩竈《しおがま》」が「塩竃」、さらに「塩釜」となる例があります。

嵓

【大漢和番号】8295
【部首】山
【総画数】12
【地域音訓】くら・ぐら
【字音】ガン
【字義】嵒［ガン・ゲン他］〖大 8294　1①いわ。いわお。②けわしい。③そびえる。岑嵒［シンガン］。④春秋,宋の地名。⑤巖［ガン・ゲン他］（大 8649）に通じる。⑥碞（大 24315）に通じる。2みね。崟［ギン・ゴン］（大 8199）に同じ。3地名。1の④に同じ。［参考］口部の嵒［ジョウ・ニョウ］』〖大 3975〗とは別字。〗に同じ。
【出典】字彙
【Unicode】5D53

ささひろ・ポイント

この字を使った地名は各地に点在していますが（『方言漢字事典』参照）、「くら」「ぐら」などの俚言《りげん》の表記に使われることがあり、奈良県では観光広告に用いられたこともあります。

「嵒《カン・ゲン》」はこの字の動用字（発音や意味が同じでも漢字の構成要素の配置が異なる漢字）というタイプの異体字で、「癌」の中に使われています。なお、「石」「岩」「巌《いわお》」（もとは岩の異体字）と画数が増えるごとに、漢字が表す石も大きくなっていく傾向が見て取れます。

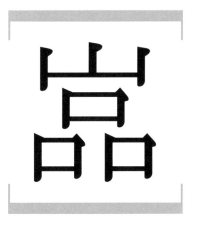

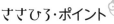

椣

【大漢和番号】補 264 国字

【部首】木

【総画数】12

【地域音訓】しで・ひで

【字義】しで。しでのき。木と典の合字で，典は，礼式の意味。礼式のときに神前に供える「しで」に似た花穂の垂れる，カバノキ科の落葉高木，しでのきの意味を表す。また，椣原《しではら》は，奈良県生駒郡平群町［いこまぐんへぐりちょう］の地名。

【Unicode】6923

ワンポイント　この会意の国字は、奈良の地において鎌倉時代から見られます。数ある地域独自の字のなかでもかなり歴史の長いものといえます。

𣷓

【大漢和番号】補 309 国字
【部首】水［氵］
【総画数】11
【地域音訓】なぎ
【字義】なぎ。波のおだやかに静まっていること。氵（水）と和の合字で，和は，おだやかにやわらぐ意。水と合わせて，波の静まっている。なぎの意味を表す。夕𣷓《ゆうなぎ》は，山口県萩市の地名。
【Unicode】23DD3

ささひろ・ポイント

「𣷓」は和歌山県のほか山口県などの小地名に用いられている会意・形声式の字です。「汓《なぎ》」と同様の発想から生まれた文字・用法で、一般的となった国字「凪《なぎ》」と同意です。清代〔一六一六―一九一二〕に詩文作成用の事典として編まれた『佩文韻府《はいぶんいんぷ》』に引用された句にもこの字が見られます。近代にも日本各地で用いられており、近世の浄瑠璃本には発想の似た熟字訓「和波《なぎ》」が見られます。「音𣷓《おとなぎ》」「𣷓田《なぎた》」という姓もあります。

なお長野には「瀰」でナギと読ませる地名用字がありますが、これは俚言《りげん》で激しい水流やガケの意のようで、テレビ番組のタイトルにも使われました。ちなみに、和歌山県田辺市の龍神地区にあった「龍」を四つも書く六十四画の「𪚥《テチ》」という名前のお店は、残念ながら閉店を迎えてしまいました。

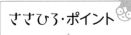

樮

【大漢和番号】補274 国字

【部首】木

【総画数】14

【地域音訓】ほくそ

【字義】❶ほそくず。㋐火の粉。木と覂［ヒョウ］の合字で，覂は票（㶾）の変型。火の粉が舞いあがる意を表す。㋑❷に同じ。❷ほくそ。ろうそくの燃えがら。ほそくず。また，樮川《ほくそがわ》は，和歌山県日高郡印南町［いなみちょう］の地名。

【Unicode】6A2E

ささひろ・ポイント

和歌山県日高郡印南町《いなみちょう》に「樮川《ほくそかわ・ほくそがわ》」という地名があり、樮川という2級河川も流れています。樮川という地名は、ここにしかなく、難読地名として知られています。一字目は「木」「西」「火」に由来する会意文字といい、在野の国字研究家菅原義三氏は「言い伝えによると、昔この地に山火事ありて、燃え広がりしも、大木の西にて消火せしにより、木の西の火と書きて、「ほくそ」と読ませて以来樮川《ほくそ》と称したという。」との説明を引き、WEB上で拡散されました（『小学国字考』一九九七。『国字の字典』一九九〇では「もえがら」の意とする）。

「標」の異体字とみる説もありますが、この地名は幕末までは「[illegible]《ユウ》」（「[illegible]《ユウ》」）という漢籍にある漢字で書かれていました。明治時代に入るころに「樮」という字体が出現したもので、「木西火」という組み合わせが定着したのは歴史的には新しいのです。当地では過疎化が進み、樮川小学校はすでにありませんが、この見慣れない字を扱った人たちは、いくつかの幽霊文字（典拠不明の字）を発生させてしまいました。

字体がストーリーを生むケースには、二次字源か民間字源による字体変化によるものとみられる例があります。例えば相模《さがみ》の「酒匂川《さかわがわ》」も、もとは「酒勾」（さか＋わ）だったのが、字体が類似する国字「匂」を使った「酒匂」に変わり、語源とは無関係に、「源頼朝がこの川に酒の匂いが漂ったと言った」という伝承に仮託した由来譚《ゆらいたん》が発生したことが知られています。

﨏

【大漢和番号】補 85 国字
【部首】土
【総画数】10
【地域音訓】さこ・えき
【字義】さこ。山あいの谷。迫《さこ》。また，湯ノ﨏《ゆのさこ》は，鳥取県日野郡日南町［にちなんちょう］の地名。
【Unicode】FA0F

ささひろ・ポイント

鳥取や岡山の小地名に散在し、地名の資料にも載っている字なのですが、ＪＩＳ第２水準に採用するはずが、作業中のエラーで採用し損ねてしまっていました。この字は「さこ」、まれに「えき」と読み、谷の行きづまったところを指します。韓国でも谷の意で使われたことがあります。姓では例えば「中﨏《なかさこ》」が鳥取などに見られます。

「さこ」つながりでは、「長嶝《ながさこ》」「永嶒《ながさこ》」という姓が和歌山にあります。偏《へん》を替えた漢字の「浴」も地名などで「さこ」「えき」と読まれます。この「えき」は、島根県辺りでは旁《つくり》の音《おん》を利用して「溢」、山口県あたりでは「浴」とも書きます。

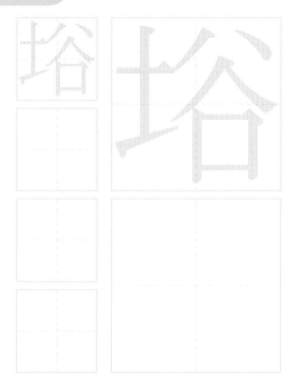

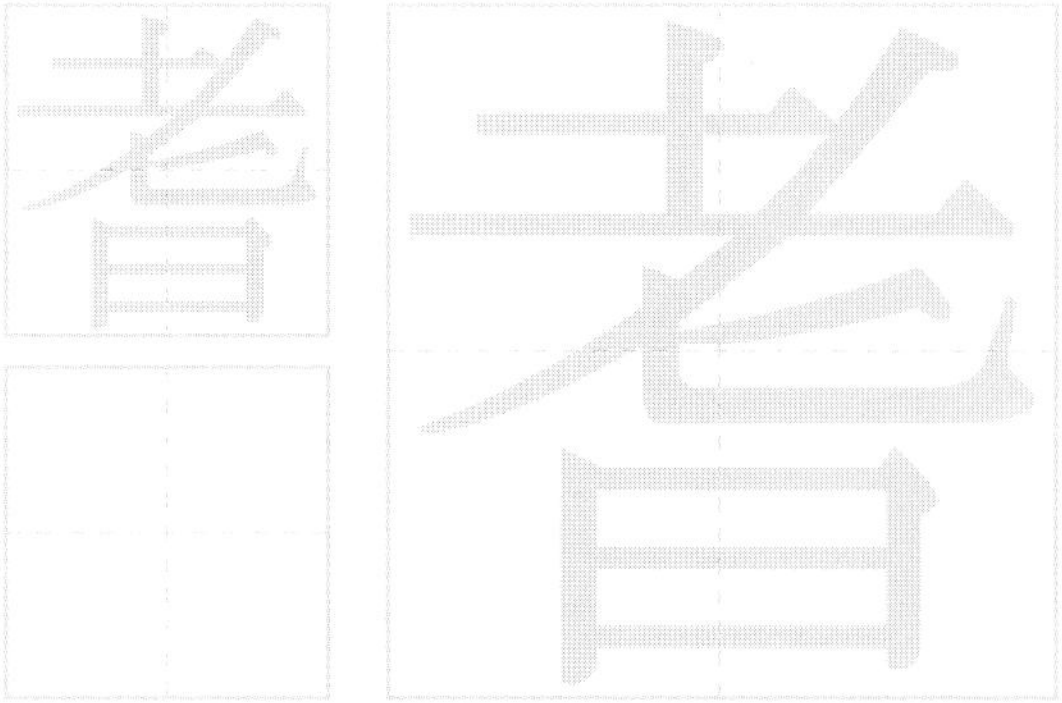

耆

【大漢和番号】28849
【部首】老
【総画数】10
【地域音訓】キ
【字音】キ・ギ／シ／シ・ジ
【字義】1❶としより。六十歳の称。また，七十歳以上の称。❷おさ。長者。師傅［しふ］❸さす。さしづ［指図］する。❹つよい。楷［シ］〖大15275〗に通じる。❺にくむ。黎［リ／レイ・ライ］〖大11414〗に通じる。❻いたる。老境に至る。❶を見よ。耆［キ］〖大28863〗に同じ。❼せ。せびれ。脊［セキ・シャク］〖大29472〗・鬐［キ・ギ］〖大45535〗に通じる。❽あるいは黎［レイ・ライ／リ］〖大47994〗と書く。❾姓。2いたる。いたす。底［テイ・タイ］〖大9262〗に通じる。3たしなむ。嗜［シ・ジ］〖大4089〗に通じる。
【出典】集韻
【Unicode】8006

熟語

【耆艾《キガイ》】としより。老人。耆は六十、艾は五十歳。また、尊者・師傅をいう。【耆酒《シシュ》】酒をたしなむ。耆は嗜。【耆宿《キシュク》】年老いて学徳ある人。年老いて名望あるもの。宿老。【耆昧《シマイ》】無道を暗愚を増長させ、その極点に達するを待って討つこと。また、暗昧を増長させて、その極に至らせること。【耆蒙《キモウ》】老人と子供。【耆那教《ジャイナキョウ》】Jaina 仏教より少し古く、インドに行われだした宗教。（略）この他、44の熟語がある。

ささひろ・ポイント

鳥取の旧国名「伯耆国《ほうきのくに》」に使われている「耆」の字を旁《つくり》に持つ「鰭」は、国字で「えび」と読みます。この「鰭」から「日」が取れたのが「蛯」（8ページ）でした。魚偏《へん》の「鰭《キ・ギ》」は漢字で意味は「ひれ」ですが、日本ではこの字も「えび」と読むことがあります。

なお、鳥取県鳥取市佐治町《さじちょう》には「峭元《ほきもと》」地区があり、「峭」は鳥取や岡山に見られる方言漢字です（136ページ）。

逧

【大漢和番号】補 606 国字
【部首】辵［辶］
【総画数】11
【地域音訓】さこ・せこ
【字義】❶さこ（迫）。小さな谷。谷と迫の省略辶の合字で，迫は，せまるの意味。山と山がせまる，谷の狭まった所の意味を表す。また，亀ヶ逧《かめがさこ》は，兵庫県の地名。❷せこ。逧《せこ》は，岡山県の地名。
【Unicode】9027

ワンポイント　鳥取県勝田郡奈義町《なぎちょう》、同郡勝央町豊久田《しょうおうちょうとよくだ》での「小逧」「逧」の現地における使用例に関するレポートや写真が、北海道大学名誉教授の池田証寿《いけだしょうじゅ》氏のサイトに残されています。「峪」（93ページ）もご覧下さい。
https://hdic.jp/rose/shikeda/shin-jis.html

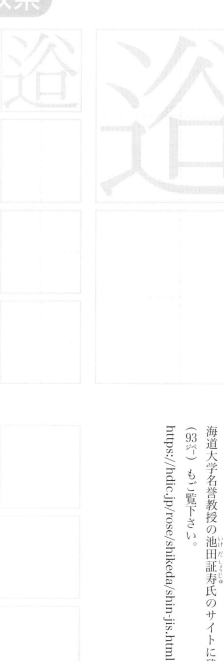

淞

【大漢和番号】17651
【部首】水［氵］
【総画数】11
【地域音訓】ショウ
【字音】ショウ・シュ
【字義】川の名。今，松江という。源は江蘇省の太湖。上海の北で黄浦江と合して東流する。下流を呉淞口という。通じて松［ショウ・ジュ］〖大14516　①まつ。松杉科，常緑の針葉樹。窠［ショウ］（大15227）に同じ。②めでたいたとえ。松樹が長生で，その葉が色を変えないところから，節操・長寿・繁茂などのたとえ。③姓。（略）〗と書く。
【出典】集韻
【Unicode】6DDE

■熟語

【淞濱】ショウヒン　清、許錫祺［キョセキキン］〖大35298—336　清、青浦の人。字は莘甫。号は淞濱。諸生。著に淞濱文集がある。〗の号。

【淞滬鉄路】ショウコテツロ　鉄道の名。江蘇省上海県から宝山県の呉淞鎮礮台湾に至る［清朝時代］。

ワンポイント　松江では、「淞高」（旧制松江高校）などでこの字を「ショウ」のほか、旁《つくり》から「まつ」と訓読みで読むこともあります。もとの「まつ」という読み方に戻るわけです。

なお「氵（さんずい）」の付く「ショウナン」という熟語には、「淞南」のほか神奈川の「湘南」、そして千葉の「沼南」があります。

鼕

【大漢和番号】48341
【部首】鼓
【総画数】18
【地域音訓】ドウ
【字音】トウ・ズ
【字義】[1][2]鼓のおと。[illegible]［トウ・ズ他］〖大48383〗・[illegible]［トウ・ズ］〖大48356〗に同じ。
【出典】集韻
【Unicode】9F15

ワンポイント　「鼕」の音読みは「トウ」か「ズ」ですが、古辞書には「鼕々《どうどう》」という用法も収められており、島根などでは松江《まつえ》市《し》の祭「鼕行列《どうぎょうれつ》」のように、現在でも「ドウ」という地域音をもっています。字体については、下部を「冬」と書いても同じです。

■熟語

【鼕鼓】《トウコ》　つづみを打ち鳴らす。
【鼕鼕】《トウトウ》　❶太鼓の音。鼕鼕声。❷香のかおるさま。
【鼕鼕鼓】《トウトウコ》　唐代、京師で晨暮に伝呼する代わりに撃った太鼓をいう。街鼓。

乢

【大漢和番号】175
【部首】乙
【総画数】4
【地域音訓】たお・たわ
【字音】ガイ
【字義】蓋［カイ／コウ・ゴウ他］〖大 31652　[1]
①おおう。おおいかくす。②おおい。③ふた。④くわえる。ふたをする。⑤たっとぶ。⑥あわせる。⑦のぞむ。欲する。⑧そこなう。さく。わる。害［カイ・ガイ他］（大 7165）・割［カツ・カチ］（大 2112）に通じる。⑨天。そら。（略）〗に同じ。
【出典】海篇
【Unicode】4E62

ワンポイント　「乢《たわ》」は山の鞍部《あんぶ》（山の尾根のくぼんだ所）や小さい峠を指します。「乢」姓は岡山県に見られ、小地名にも多く使われています。民俗学者の柳田國男《やなぎたくにお》［一八七五－一九六二］は、ある地域の方言漢字を、他の地域の地名や語の表記によく転用しました。「嵶」（子生嵶。99ページ）のほか、「各地の道祖乢《さへのたわ》」のように普通名詞としても転用しています（『山の人生』一九二六）。

嵶

【大漢和番号】補 153 国字
【部首】山
【総画数】13
【地域音訓】たお・たわ
【字義】たお《たを》。たわ。たおり。山の頂上の低くたわんで見える所。また，嵶《たお》は，岡山県岡山市の地名。
【Unicode】5D76

ワンポイント　この字は、「嫋《たお》」からの類推で作られたと考えられています。旁《つくり》を「弱」と書く字体もあります。「乢《たお》」（98ページ）も参照して下さい。

穝

【大漢和番号】補 435 国字
【部首】禾
【総画数】17
【地域音訓】サイ
【字音】サイ
【字義】穝東《さいひがし》町は，岡山県岡山市の地名。
【Unicode】7A5D

ささひろ・ポイント

「穝所《さいしょ》」姓は、現代だと宮崎県と長崎県に見られます。「税所」の異形だそうで、江戸時代には今の岡山市で見られました（『日本姓氏語源辞典』）。ＪＩＳ漢字の採用時に起こった転記エラーの影響なのか、似た字体の別の漢字を用いた「檌所」姓も見られます。

ちなみに、岡山県内には「垪和」という地名があり、「はが」「かきわ」などと読む姓にもなっています。平安時代からの名字と伝えられ、他の地域でもこの名字の使用例が見られました。この「垪」の字は中国で現れ、日本では中世から「屏」とともに「塀」の意で使われています。

糘

【大漢和番号】補 475 国字
【部首】米
【総画数】16
【地域音訓】すくも
【字義】すくも。もみがら。米と家の合字で，米粒の家，もみがらの意味を表す。また，糘尻《すくもじり》は広島県の地名。糘山《すくもやま》は，岡山県久米郡久米町［現在の津山市］の地名。
【Unicode】7CD8

ささひろ・ポイント

籾《もみ》（殻）を指すとみられる「すくも」には、「粠」（『大漢和辞典』では『粠田《すくもだ》』磐城《いわき》の地名）、「𥹥」などの字があてられた地名があります。「宿毛」なども当てますが、一字のほうが表現力が強そうに感じられませんか。

「粡」という漢字を「あら」と読ませるものも同義とされ、山形県の地名「粡町辻西《アラマチツジニシ》」などに散在しています。

鮴

【大漢和番号】補 747 国字
【部首】魚
【総画数】17
【地域音訓】めばる・ごり
【字義】①ごり。淡水魚，かじか(鰍)の別名。鰍［シュウ］〖大 46331〗と同じ。魚と休の合字で，石の上にじっと休んでいることの多い魚，ごりの意味を表す。②めばる。㋐カサゴ科の海魚。目・口が大きい。㋑鮴崎《めばるざき》は，広島県豊田郡東野町［現在の豊田郡大崎上島町《おおさきかみじまちょう》］の町名。
【出典】和字正俗通
【Unicode】9BB4

ささひろ・ポイント

この字を「めばる」と読むのは、メバル崎という漁港で人々が休んだため、と言われています。明治期にはこの読みでこの字が辞書に収められました。

一方、金沢の方言漢字としてこの「鮴」を「ごり」と読むのは、「鰍《シュウ》」（65ページ）が下敷きになった可能性が指摘されています。戦国時代の往来物《おうらいもの》（初等教科書）に「鮴」の字に「コリ」と傍訓を付けて現れ、そこから江戸時代初期の辞書『節用集』に転記されたものでした（高橋久子「易林本節用集と新撰類聚往来」『東京学芸大学紀要』第二部門人文科学49　一九九八）。姓では「鮴谷《ごりや》」が富山県と石川県にあり、鮴屋の屋号からとされます（『日本姓氏語源辞典』）。

垰

【大漢和番号】補 84 国字
【部首】土
【総画数】9
【地域音訓】たお・たわ
【字義】たお《たを》。たわ。たおり。山地をのぼり，くだりかかるところ，峠《とうげ》の意味を表す。また，垰《たお》は広島県・山口県新南陽市の地名。垰市《たおいち》は，山口県の地名。
【Unicode】57B0

ささひろ・ポイント

室町時代の辞書『通用古紙《つうようこし》』（書陵部蔵写本など）には「垰《タウ》ケ（ゲ）」とあります。この字は現在、中国地方を中心として地名のほか姓にも見られます。山口県内では「垰」が付く小地名が数百か所あるとされ、周南市では大字となっています。江戸時代から見られます。

なお、「垰岡」姓が広島県にあります。竹原市特産品の「峠下牛」も「たおした」と読み、同義です。ちなみに「峠」（42ジペー）は全国で用いられ、当用漢字から常用漢字になった国字です。

粭

【大漢和番号】補 473 国字
【部首】米
【総画数】12
【地域音訓】すくも
【字義】すくも。もみがら。米と合の合字で，合は，小箱の意味。米粒の入っている小さな箱，もみがらの意味を表す。また粭島《すくもじま》は，山口県徳山市の地名。
【Unicode】7CAD

ささひろ・ポイント

「州雲島」という漢字が当てられていた「すくもじま」は、「米粒一つ穫れない籾殻《もみがら》に等しいほど価値のない島じゃ」と言った藩の家老がこの字を作った、との伝承があります。いい加減に作った結果の字ということのようなのですが、旁《つくり》を「合」にした理由がはっきりしません。「合」に小箱の意を指摘する人もいます。

なお、宮城県角田《かくだ》市横倉《よこくら》の字《あざ》である「糘塚《しいなつか》」には、「米が無い」という分かりやすい会意の造字「糘」が見られます。

渭

【大漢和番号】17781
【部首】水［氵］
【総画数】12
【地域音訓】イ
【字音】イ
【字義】❶川の名。【渭水】を見よ。❷行く。流行する。❸しく。
【出典】集韻
【Unicode】6E2D

■熟語

【渭水】《イスイ》 ❶川の名。源は甘粛省蘭州府渭源県の西の鳥鼠山。東南流して諸水を合し、潼関に至って黄河に入る。渭水は清く、涇水は濁るといわれる。❷太公望をいう。↓渭濱漁父を見よ。❸京都を洛陽にたとえ、洛陽の辺を渭川が流れることから、京都の鴨川をいう。【渭濱漁父】《イヒンノギョホ》 渭水に釣りしていた太公望をいう。渭川漁父《イセンノギョホ》。【渭洛】《イラク》 渭水と洛水。この他、54の熟語がある。

ささひろ・ポイント

徳島市内を歩いていた時にこの「渭」を見掛け、何人かに尋ねたのですが、県民の方も由来は知りませんでした。雅称の「渭水」「渭（ノ）山」「渭津」から使われるようになったなどとされますが、「渭南・渭北」に関しては、明治期に「以南」を中国の渭水にあやかって「渭南」に変えた、と伝えられています。

こうした「氵（さんずい）」を用いた雅称・略称には、「渟城《ていじょう》」（秋田・古代の渟足柵《ぬたりのき・さく》から）、「湘」（神奈川・相模↓48ページ）、「瀝」（東京・隅田川↓46ページ）、「泗」（三重・四日市↓77ページ／熊本）、「淮」（京都・桂川）、「淇」（京都・園部川）、「澱・澳」（大阪・淀川・大阪湾）、「汭」（福岡・川内）などがあります。

畭

【大漢和番号】21861

【部首】田

【総画数】12

【地域音訓】はり

【字音】ヨ

【字義】畬［ヨ/シャ］〖大 21860 1 2 ①あらた。開墾して三年あるいは二年経た田。②田をひらく。開墾する。③やわらぐ。土地が和らぐ。④畑［ヨ］（大 21765）・畭［ヨ］（大 21861）に同じ。3 ①やきた。雑草を焼き掃って種を播く。また，その田。②民族の名。猺民の一つ。広東省旧潮州府に住す。③姓。〗に同じ。

【出典】集韻

【Unicode】756D

ささひろ・ポイント

この字は、徳島県の阿南市《あなんし》に地名として偏在しており、住居表示板などで見かけられます。「畭」は、「畬」（136ページ）の動用字（89ページ）でもあるのですが、字体が種々に崩れることがありました。地図の等高線が字体と誤認されてできた可能性をもつ幽霊文字（典拠不明の字）ではないかと塚田雅樹氏が指摘しています（「「作ケ畬《さくがあらく》」小考」二〇一八）。

鎌倉時代の辞書には「畄《あらきばり》」もあり、漢和辞典（大21798）で国字とされていますが、同源なのでしょう。

蒅

【大漢和番号】31535 国字
【部首】艸［艹］
【総画数】13
【地域音訓】すくも
【字義】すくも。藍の葉を発酵させて製造した染料。
【Unicode】8485

ささひろ・ポイント

「すくも」は徳島特産の染料で、刻んだ藍の葉を積み、発酵させて藍染めに用います。漢和辞典に「蒅」は国字とあり、明治期から各地で使われてきたのですが、この字は徳島で作られたことが近年、地元で判明しました。徳島藩主を代々務めた蜂須賀《はちすか》家の古文書《こもんじょ》『蜂須賀家文書』（一七三三）にひらがなで「すくも」と現れ、阿波下庄村（現板野町《いたのちょう》）の犬伏久助《いぬぶしきゅうすけ》という古老の談をまとめた『阿波藍考證』（一七八一頃）に「蒅といえる名は阿波国の方言にして」、「蒅なる新字」、「普《あまね》く世に通ずる」と記されていたのです。二〇二一年に徳島新聞の取材を受け、記事になりました（三月十七日などに掲載）。

沺

沺 沺

【大漢和番号】17254
【部首】水［氵］
【総画数】8
【地域音訓】さこ
【字音】テン・デン
【字義】水勢の広大なさま。
【出典】集韻
【Unicode】6CBA

ワンポイント　「氵（さんずい）」に「田」という素朴な構成の字で、国訓として「さこ」（谷間の意）が派生し、県内で小地名に使われています。なお、山偏《やまへん》に田という似た構成の「⿰山田」を使った「中⿰山田《なかじま》」という名字があるとされ、字体などに似た点を感じさせる「中軸《なかじく》」という姓との関係が考えられています。

讃

【大漢和番号】36110
【部首】言
【総画数】22
【地域音訓】さぬ／サン
【字音】シン
【字義】讃［サン］〖大 36163　①ほめる。たたえる。②あきらかにする。③とく。④しるす。⑤たすける。⑥文体の名。たたえぶみ。人の善美をほめた文。賛［サン］（大 36935）を見よ。⑦通じて賛（大 36935）と書く。⑧囋［サツ・ザチ他］（大 4634）に通じる。⑨㊋物徳を歌頌する詞。〗の俗字。
【出典】字彙
【Unicode】8B83

ささひろ・ポイント

『古事記』［七一二］に「讃岐國（讃岐国）」とあり、『和名類聚抄《わみょうるいじゅしょう》』では「讃岐」に「佐奴岐《さぬき》」と読みを付しています。「さぬき」の語源は、サヲノツギ（竿調）という語からとされ、「讃岐」は当て字（音訳）です。この「讃岐国」を表す略称が「讃」一字となって今でも土讃線《どさん》（土佐［高知］、予讃線（伊予［愛媛］）のように使われています。香川県内の地域も「東讃」「中讃」「西讃」と呼ばれています。

もともと「讃」は讃歎、讃美歌などほめたたえる意で用いられてきた字ですが、新聞などでは「賛嘆」「賛美歌」と書き換えられました。「夫」の部分を「先」と書く「讃」が正字とされるいわゆる康熙字典体《こうきじてんたい》であるのですが、こうした書き換えの影響もあってか、明治から、俗字体・略字体とされていた「讃」のほうが多く用いられてきたのです。国語審議会の答申「表外漢字字体表」［二〇〇〇］においても、「讃」が印刷標準字体に位置付けられました。

媛

【大漢和番号】6516
【部首】女
【総画数】12
【地域音訓】ひめ
【字音】エン／エン・オン
【字義】1 2 ❶たおやめ。美人。❷たおやか。うつくしい。❸通じて援［エン・オン他］〘大 12407〙と書く。❹女官の名。3 ❶嬋媛［セン エン］は，ひく。牽引のさま。❷うつくしい。邦ひめ。貴人の女の名に添えて呼ぶ語。
【出典】集韻
【Unicode】5A9B

■熟語
【媛女】《エンジョ》　美女。

ささひろ・ポイント

エヒメの「え」は和語です。『古事記』［七一二］に「故《かれ》、伊予国《いよのくに》は愛比売《エヒメ》と謂《い》ひ」とあります。語源説には「愛姫」のほか「兄比売」もあります。「媛」は才媛を意味する用法から、日本で「ひめ」という国訓が生じました。愛媛の「媛」は旧字体の「媛」だとする地名資料もありましたが、常用漢字には新字体で二〇一〇年に採用されました。

なお、伊達《だて》政宗《まさむね》の正室「愛姫」は「めごひめ」といい、戦国時代の東北方言で「かわいい・いとしい」を意味する言い方（めごい・めんこい）で読ませたようです。

鯆

【大漢和番号】46177
【部首】魚
【総画数】18
【地域音訓】いるか
【字音】ホ・フ／フ／ホ・フ
【字義】1❶いるか。鱄［ホ・フ］〖大46361〗と同じ。❷魚の名。尾に毒がある。あるいは鯆［フ］〖大46461〗と書く。❸魳［ホ・フ／フ］〖大46062〗と同じ。2大きい魚。3魚の名。邦さば。
【出典】集韻
【Unicode】9BC6

■熟語
【鯆魚】ホギョ　魚の名。なわさば。
【鯆魮】ホヒ　海鷂魚［カイヨウギョ］の異名。
【鯆鮃】ホフ　いるか。江豚をいう。また、鯆魚・鮃魳・魳魳と書く。設文［セツモン］は溥浮と書く。

ささひろ・ポイント

「海豚」という漢字が当てられる「いるか」について、平安時代の辞書である『和名類聚抄《わみょうるいじゅしょう》』では、中国南北朝から唐代ごろに編まれた辞書『兼名苑《けんめいえん》』(佚書《いっしょ》)から「鰴《いるか》」という字を引いています。この字と「鱨」との熟合(語と語の結びつきのこと)は、引用ミスによるものでした。「鯆鱓」で「いるか」と読む熟字訓の表記にこの「鯆」という字が持ち出されており、さらに中世期にはこの字だけで「いるか」と読ませるようになっていきます。これは先の「鰴」から「方」と「攵」を取り除いた格好となる形声文字です。

「鯆」という字は『国土行政区画総覧』内の出現だけを理由として採用されたJIS第2水準漢字なのですが(142ページ)、その行政区こそが愛媛県南宇和郡愛南町《みなみうわぐんあいなんちょう》の「鯆越《いるかごえ》」です。

汢

【大漢和番号】補 299 国字
【部首】水［氵］
【総画数】6
【地域音訓】ぬた
【字義】ぬた。ぬたあえ。氵（水）と土の合字で，水と泥とでぬたくる（まぜあわせる）の意味から，そうして調理したぬたの意味を表す。また，汢川《ぬたのかわ》は，高知県高岡郡窪川町［現在の高岡郡四万十町《しまんとちょう》］の地名。
【Unicode】6C62

ささひろ・ポイント

「汢」の「ぬた」は、酢味噌で調理した「ぬたあえ」のこと、という説明を見掛けます（「ぬた」は高知県の伝統的なタレの一種でもあります）。確かに語源は一緒ではあるものの、「汢」は食品を指すわけではなく、猪の「ぬた場」（体についた寄生虫や汚れを落とすために泥を浴びる場所）や湿地帯を意味するものでした。

「汢」を使った地名がある自治体の一つである窪川町《くぼかわちょう》（現四万十町《しまんとちょう》）では、「氵（さんずい）」を「冫（にすい）」にしたり、右上に点を加えたりするなど、字体に揺れが発生していました。

「垈《ぬた》」（63ページ）も参照してください。

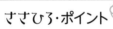

埇

【大漢和番号】5112
【部首】土
【総画数】10
【地域音訓】そね
【字音】ヨウ／ユ
【字義】❶おきつち。道の上に土を加えること。❷地名。❸通じて甬［ヨウ・ユ／トウ・ズ］〖大21707〗と書く。
【出典】集韻
【Unicode】57C7

■熟語

【埇《ヨウ》橋《キョウ》】 橋の名。一つに甬橋と書く。安徽省宿県［現在の宿州市］の北にあり、汴水［ベンスイ］に跨る。符離橋、また永濟橋ともいう。

ワンポイント　この字は高知県南国市《なんこくし》大埇・など地名での「そね」（やせた土地）に当てられていますが、「埆《カク・ガク》」という漢字がもとになったとも考えられる字です（『方言漢字事典』）。魚名のコチを表す国字の「鯒」も同様に旁《つくり》が「角」で書かれることがしばしばありました。「そね」には宮城の地名では「埣」（埣）が当てられます。

梼

【大漢和番号】補 257
【部首】木
【総画数】11
【地域音訓】いす・ゆす
【字音】トウ
【字義】檮［トウ・ドウ他］〖大 15713 ①② ①きりかぶ。断木。檮［トウ］（大 15571）に同じ。②おろか。③つく。擣［トウ・トウ］（大 12853）に通じる。③①かたい木。あるいは櫜［チュウ］（大 15775）と書く。②檮著［チュウシ］は，瑞草の名。③檮余［チュウヨ］は，山名。④①ひつぎ。②あるいは幬［シュウ・ジュ他］（大 19905）と書く。〗の略字。
【出典】集韻
【Unicode】68BC

ささひろ・ポイント

「梼原（檮原）」は、「いすわら」「いすはら」「ゆすわら」ともいい、中世には漢字で「椅原」として現れます。その後、「椅」と字体が似て、めでたい意の「寿（壽）」を含む「梼」に変えたようです。梼原町は「梼原川」流域の山間に位置する町で、古くはユスの木が多く繁茂していたので平安時代にこの名が付けられたとされます。幕末の志士坂本龍馬《さかもとりょうま》が澤村《さわむら》惣之丞《そうのじょう》とともに土佐藩を脱藩して最初にたどり着いた記念の地でもあります。

JIS漢字では一九八三年に「檮」が第2水準へ、「梼」が第1水準へと入れ替わりました。行政でも、地元町役場で登録しているのが「梼原」、総務省では「檮原」と分かれています（『JIS漢字字典』）。梼原町は長寿の里を目指していますが、山梨県の棡原村《ゆずりはら》（現上野原市）も長寿で有名です。「棡」（64ページ）の字は、イスノキの表記やそれを用いた固有名詞に使われており、山口県には「梼の木《いす》」という地名があります。なお梼原町では「汢《ぬた》」（112ページ）という方言漢字も字《あざ》に使われています。

朳

【大漢和番号】14427　【部首】木
【総画数】6　【地域音訓】えぶり
【字音】ハツ・ハチ／ヘツ・ヘチ
【字義】①②❶えぶり。さらえ。歯の無いくまで［熊手］。❷あるいは[illegible]［ハツ・ハチ／ハイ］〖大14850　①①木の名。②えぶり。無歯杷。掃除の具。朳（大14427）に同じ。③ほこの柄。②わりふ［割符］。〗と書く。
【出典】集韻　【Unicode】6733

■熟語
【朳差山】《エブリサシヤマ》　越後国［現在の新潟県］にある山。

ささひろ・ポイント

福岡県遠賀《おんが》郡《ぐん》水巻町《みずまきまち》に「朳《えぶり》」という地名があります。同名同表記の農機具の名に由来するともされますが、はっきりしていません。尾張の「杁《いり》」（74ページ）とよく混同されますが別の字です。新潟にも、関川村に朳差岳《えぶりさしだけ》が聳《そび》え、吉田東伍《よしだとうご》（9ページ）は『和名類聚抄《わみょうるいじゅしょう》』では「江布利」、「柄振の義とす」としつつも、エチゴとイチゴを混用する越後訛《なま》りから「いぶり」と読みを付けていました（『大日本地名辞書』）。この山名は、残雪期に前朳差岳の山肌に朳人形《ひとがた》（朳差しの爺やと呼ばれる残雪形）が現れるためだそうです。

椨

【大漢和番号】補 265 国字
【部首】木
【総画数】12
【地域音訓】たぶ
【字義】たぶ。たぶのき。クスノキ科の常緑高木。暖地に自生し，春，黄緑色の小花を開く。材は装飾器具の材に用い，樹皮は褐色の染料となる。いぬぐす。たまぐす。形成文字で，音符の府はたぶの「ふ」を表す。また，大椨《おおたぶ》は，鹿児島県日置郡金峰町［現在の南さつま市］，椨川《たぶがわ》は，鹿児島県の地名。
【Unicode】6928

ささひろ・ポイント

「椨」は国字で、旁《つくり》の「府」が植物のタブの「ブ（フ）」の音を表したようです。福岡では「椨線香」（椨は線香の主な原料）や組織名などに用いられ、小地名では多く「椨」という方言漢字を書きます。

小地名では鹿児島県などにも多く、姓では、「椨《たぶ》」「椨木《たぶのき》」が福岡県や鹿児島県などにあります。「椨元《たぶもと》」は三重県に、「椨本《たぶもと》」が宮崎県と三重県にあり、その派生と見られる「槵本《たぶもと》」は宮崎県に見られます。「府」は日本で「苻」と通じ、「椨」の旁《つくり》も同様に交替することがありました。ちなみに久留米《くるめ》では「留」を「畄」と略すことがあります。

咾

咾 咾

【大漢和番号】3578
【部首】口
【総画数】9
【地域音訓】おとな・おば・うば・いかん
【字音】ロウ
【字義】こえ。
【出典】集韻
【Unicode】54BE

■熟語

【咾別】《イカンベツ》 北海道十勝国〔とかちのくに〕の地名。

ワンポイント　この字は日本の地名では、佐賀市の「咾《おとな》分《ぶん》」など「おとな」の他、北海道で「いかん」（咾別《いかんべつ》神社もある）、山口県では「咾喰」で「うば・おば」という読み方で使われており、隠れた人気の字といえます。

中国でも音読みを利用して各種の用法が派生しています。その一つが咕咾肉（gū《グー》 lǎo《ラオ》 ròu《ロウ》）。昔ながらの肉料理といった意味で、日本でいう酢豚です。

箞

【大漢和番号】26153
【部首】竹
【総画数】14
【地域音訓】うつぼ
【字音】ケン
【字義】1 2 竹をたわめる。
【出典】集韻
【Unicode】7B9E

ささひろ・ポイント

「うつぼ」は武具の名で、中世以来の国訓です。字体については下部を「巻」と書いても構いません。

唐津《からつ》市で地名の取材をさせていただいた時、この字が校名に使われた「箞木《うつぼぎ》小学校」で給食まで頂きながら、児童もこの字体を書いていることを確かめました（『方言漢字』参照）。同校は二〇二四年三月で閉校し、厳木《きゅうらぎ》小学校に統合されました。

酘

【大漢和番号】39797

【部首】酉

【総画数】11

【地域音訓】ツ

【字音】トウ・ズ

【字義】①②❶酒を二度重ねてかもす。❷通じて投［トウ・ズ］〖大11887 ①❶なげる。なげやる。なげつける。❷なげだす。はなす。❸すてる。はなちやる。❹さしおく。やめる。❺しずめる。身を投げる。(略)〗と書く。

【出典】集韻

【Unicode】9158

■熟語

【酘酒】《トウシュ》かもしなおした酒。投酒。投泊。醞酒［ウンシュ］。

ささひろ・ポイント

長崎県対馬《つしま》市にある地名「豆酘」は「つつ」と読み、平安時代からある地名です。古くは「酘豆」「豆配」や「豆豆」などと書かれることもありました。珍しい字なので、博学の国学者本居宣長《もとおりのりなが》でさえ、「酸」の誤記かと思って字書を調べたと告白しています（『玉勝《たまかつ》間《ま》』九の巻）。

𩸕

【大漢和番号】46288 国字
【部首】魚
【総画数】19
【地域音訓】きびなご
【字義】はも。三尺あまりの円筒形の魚。性，猛烈，物を咬む。
【Unicode】29E15

ささひろ・ポイント

長崎県五島市《ごとうし》戸岐町《とぎちょう》に「𩸕網代《きびなごあじろ》」という地名があります。魚の長い姿からの造字と思われますが、五島福江《ふくえ》藩の水産業を担った山口長十郎の名から「長」を取って作ったという話もあります。

この字は「きびなご」の他、「はも」「はむ」「かます」など、各時代・各地域で目に入った魚の特徴に合わせて、様々に読まれてきました。他に「土𩸕」と書き、「ドジョウ」の表記にも使われました。

塘

【大漢和番号】5340
【部首】土
【総画数】13
【地域音訓】とも
【字音】トウ・ドウ
【字義】❶つつみ。❷いけ。❸ためいけ。❹ものみ。見張り。【塘報】を見よ。❺通じて隋〘大 41772〙と書く。❻唐〘大 3709〙に通じる。❼現浴槽。
【Unicode】5858

■熟語

【塘坳】《トウオウ》 つつみのくぼみ。塘凹。
【塘下】《トウカ》 どてした。
【塘報】《トウホウ》 ❶堤塘官から本省に送る通報。❷〈tán pào〉見張り兵の知らせ。早馬の知らせ。また、斥候。
【塘它山】《ツツミタザン》 越前［現在の福井県］の人。名は公愷。字は公甫・鴻佐。（略）
この他、20の熟語がある。

ささひろ・ポイント

「塘」は堤や土手を意味する古くからの漢字です。熊本では今でも堤のことを「とも」といい、この「塘」を江戸時代から当ててきました。まさに地域字種・地域訓（方言訓）です。「塘」は音読みがトウなので、方言のトモと音義ともに合ったのでしょう。

肥後熊本藩では「塘奉行」という治水関係を司る役職が設けられました。熊本市内にある江戸時代の堤防「一夜塘」は有名で、史跡になっています。また、「銭塘《ぜんども》」という地名は戦国期にすでに見られ、市内にある大梁山大慈寺を開山した禅僧寒巌義尹《かんがんぎいん》［一二一七―一三〇〇］が留学先の宋からの帰国後に、宋の「銭塘陂」の故事にならって名付けたともいいます（八木田政名『新撰事績通考』「郷荘沿革」一八四二）。「塘」の代わりに簡単な「友」の字を当てた文書もあります（『熊本近世史』年報「近世の宛行状」）。

「塘」は他に市電の電停名「杉塘《すぎども》」にも使われています。姓としては佐賀（ただし読みは「つつみ」）や鹿児島（「とも」）に多く見られ、「塘居《ともい》」「塘内」などは熊本でも見られます。また、東日本では「トウ」という音読みでの使用が多く、北海道にも見られます。字体については、旁《つくり》が「唐」と書かれることもあります。

嫐

【大漢和番号】6626
【部首】女
【総画数】13
【地域音訓】わなん
【字音】ドウ・ノウ
【字義】たわむれる。なぶる。邦❶ひきしろう［互いに引き合う］。❷うわなり［後妻］。
【出典】玉篇
【Unicode】5AD0

ワンポイント　中国で「嬲《ジョウ・ニョウ/ドウ・ノウ》」の異体字として作られた字体でしたが、日本では鎌倉時代以前から「うわなり」、つまり後妻という国訓が派生しています。この「うわなり」が熊本で訛《なま》り、それが中国地方から九州にかけて多い「迫」と書いて「さこ」と読む谷間を表す字と複合して「嫐迫《わなん》《ざこ》」という地名が宇城市内でできました（笹原宏之『謎の漢字』参照）。
なお、熊本では、熊を「熊」と書くことが多かったことが知られています。

硴

【大漢和番号】補 388 国字
【部首】石
【総画数】13
【地域音訓】かき
【字義】かき。二枚貝の一種。石と花の合字で，石は貝殻を，花はその斑紋《ハンモン》を表す。硴崎町《かきざきチョウ》は，山口県の地名。硴江《かきのえ》は，熊本県の地名。
【Unicode】7874

硴 硴

ワンポイント　九州には海の牡蠣《かき》を「セッカ（石花）」と言う俚《り》言《げん》があります。この字はその二字の合字でした。垣根の意とする説は後付けで、字面からの俗解によるものです。名字の用例は、「硴塚《かきづか》」が熊本県・福岡県、「硴崎《かきざき》」が山口県（下関市）などに見られます。

なお、駐車場で「軽」を「圣」（136㌻）と略すものは、使用頻度（比率・密度）から熊本の方言漢字（地域字体）ということができます。

啝

【大漢和番号】3833
【部首】口
【総画数】11
【地域音訓】なぎ
【字音】カ・ワ
【字義】❶したがう。❷小児がなく。
【出典】字彙
【Unicode】555D

ささひろ・ポイント

海がおだやかなことを表す「なぎ」は、日本では「和」と書きましたが、意味を特定するために「氵（さんずい）」が加えられ「⿰氵和」になりました（91ページ）。この字がおそらく同化現象により、「和」の右の「口」が「氵」に乗り移って書かれるようになり、「啝」の字で「なぎ」と読むようになったと思われます。なお、「和」は篆《てん》書《しょ》では「咊」の形で書かれました。

稙

【大漢和番号】25119
【部首】禾
【総画数】13
【地域音訓】わさ
【字音】チョク・チキ／ショク・ジキ
【字義】1 2 ❶はやまきのいね。❷はやい。
【名乗】タネ。
【出典】集韻
【Unicode】7A19

■熟語
【稙禾】チョクカ　はやまきのいね。
【稙穉】チョクチ　先種の穀を稙、後種の穀を穉［チ・ジ］という。
【稙長】チョクチョウ　長婦［兄嫁］をいう。
【稙田】ワサダ　豊後国［現在の大分県］の地名。

ささひろ・ポイント

「稙」は「早稲《わせ》」（古くは「わさ」）、すなわち成熟の早い稲などの意を持つ漢字です。「晩稲《おくて》」の反対の意味です。

「稙田《わさだ》」は、平安時代の豊後国大分郡稙田庄（植田庄・早田庄とも）という地名に由来し、大分市の南西部に位置する土地の名です。中世に稙田郷の地頭が「稙田」という名字を名乗り、今でも大分市や国東市《くにさきし》安岐町《あきまち》の一帯でよく見られる姓となっています。定期検診を受けた時の医師がたまたまこの姓で、由来のお話をうかがった経験があります。

なお、室町幕府の第十代将軍は「義稙」で「よしたね」と読み、戦国時代には公家や大名の名でこの字が多用されました。

椪

【大漢和番号】補261
【部首】木
【総画数】12
【地域音訓】はえ
【字音】ポン
【字義】椪柑《ポンカン》は，みかんの一種。実はやや大型で，甘く香気が高い。台湾や中国南部に多く産する。
【Unicode】692A

ささひろ・ポイント

「椪」がＪＩＳ漢字第２水準に入る理由となった宮崎の「三椪《みはえ》小学校」に電話で取材をした時のことですが、この字は木の積み方を表し、今や全国の地名ではここだけでしか使われていない文字だと話すと、若い教員の方が意外がっていらしたのが忘れられません。その後、三椪小は児童数が減って廃校となってしまいました。

また、台湾からの留学生が昔の戸籍を見せてくれた時、祖先がこの「椪」を名前に使っていたのを確認できました。台湾や福建では、同じ字体の「椪」が、特産の果物の「椪柑《ポンカン》」の意で名付けに人気があったのです。

なお、宮崎県では旧国名の「日向《ひゅうが》」を合わせた「[illegible]」を用いる名があることが知られています。

飫

【大漢和番号】44050
【部首】食
【総画数】13
【地域音訓】オ
【字音】ヨ・オ
【字義】❶やすんじくらう。また、その食事。平常の安んじて食う食事。もと餘［ヨ］〚大44221〛と書く。❷私のさかもり。うちわのさかもり。❸立礼の宴。たっていてする［立ったり座ったりする］さかもり。❹たべものが多い。❺あく。腹いっぱいになる。❻たまう。（略）
【出典】集韻
【Unicode】98EB

■熟語

【飫宴】《ヨエン》 さかもり。
【飫歌】《ヨカ》 さかもりの時に歌う歌。
【飫餐】《ヨサン》 腹いっぱいに食べる。飽食すること。
【飫賜】《ヨシ》 十分に酒食を賜ること。
【飫饒】《ヨジョウ》 食物のゆたかなこと。
【飫聴】《ヨテイ／ヨチョウ》 飽く程十分にきく。
【飫肥】《オビ》 日向国［現在の宮崎県］の地名。
【飫富】《オホ》 大和国［現在の奈良県］の古地名。
【飫聞】《ヨブン》 聞き飽きる。

ささひろ・ポイント

地名の「飫肥《おび》」は良い意味の漢字を選んで使った万葉仮名による平安時代からの表記です。宮崎県日南市の「飫肥」地区の郷土料理に「飫肥天」があります。揚げかまぼこの一種で、味噌と黒糖で味付けがされています。九州は古代から地名に難字を選ぶ傾向があったことが知られ、それを大和朝廷への反発心からとする見方もあります。なお、「飫」の食偏は簡単に「飠」と書いても構いません。

檍

【大漢和番号】15656
【部首】木
【総画数】17
【地域音訓】あおき
【字音】ヨク・オク／イ
【字義】12木の名。もち。もちのき。橿［キョウ・コウ］〖大15629　①木の名。㋑かし。樫。赤がし・白がしがある。(略)〗を見よ。もと檍［オク］〖大15554〗と書く。
【参考】段玉裁［ダンギョクサイ　清代の考証学者］は、説文［セツモン］に檍、杶［チュン］也、从レ木意声とある檍の篆文［テンブン］を削除する。
【出典】集韻
【Unicode】6A8D

ささひろ・ポイント

中国では辞書に載ったものの使われることが稀な字でした。日本では奈良時代の勅撰《ちょくせん》の史書である『日本書紀』に「檍原《あおきはら》」（『古事記』では「阿波岐原」）として登場します。イザナギノミコトがミソギハライをしたところとされ、明治時代にその地に「檍村《あおきむら》」が置かれました。この地名から小・中学校の名にも使われました。こうした使用例を理由に、「檍」はＪＩＳ漢字第２水準に入ったのです。

現在は、都内を中心に展開するとんかつ店の名としてもよく見掛けます。

鸙

【大漢和番号】47488
【部首】鳥
【総画数】28
【地域音訓】ひばり
【字音】ヤク
【字義】ひばり。
【出典】集韻
【Unicode】9E19

ワンポイント　この字の旁《つくり》である「龠《ヤク》」は声符《せいふ》（漢字の音を表す部分）ですが、「三つの穴を持つ竹ぶえ」という意味や象形性を意識する人もいたことでしょう。宮崎では「鸙野《ひばりの》」という姓になっていて（小林肇「新聞漢字あれこれ」7参照）、「龠」の「口」三つを「皿」のようにつなげる書き方を正式なものとする家も複数あります。

畩

【大漢和番号】補 349 国字
【部首】田
【総画数】11
【地域音訓】けさ
【字義】けさ。田と衣の合字で，田はまんじ（卍）の図案化したものが，一見，田の字に似ているところから，卍を紋にしている，けさ［袈裟］の意味を表す。畩ヶ山《けさがやま》は，姓氏。また，鹿児島県曽於《そお》郡の地名。
【Unicode】7569

ワンポイント　鹿児島で江戸時代から地名や姓名に見られる字です。「袰《ほろ》」（13ページ）や「褜《えな》」と同様に、臍《へそ》の緒《お》や胞衣《えな》が絡まって産まれた子の名前に、縁起を担いでよく用いられる字でした。なお、鹿児島では、鹿児島を「麑島（嶋）」と記すことがあります。

塰

【大漢和番号】補96 国字
【部首】土
【総画数】13
【地域音訓】あま
【字義】あま（海士）。塰泊《あまどまり》は，鹿児島県西之表《にしのおもて》市の地名。
【Unicode】5870

ささひろ・ポイント

以前は「あま」という読みを持つ熟語には、「海女」という漢字のみが常用漢字表の付表に示されていました。二〇一〇年の常用漢字表改定の際に「海士」も入れてほしいとの要望が届き、ジェンダーの面からも注目されました。

「塰」の字は「海士」の合字で、字体を安定化させるために「士」が「土」に変わったものですが、江戸時代の浮世草子作者である井原西鶴《いはらさいかく》の作品の中にも「塰」の形で見られます。

囎

【大漢和番号】補 74 国字

【部首】口

【総画数】22

【地域音訓】ソ

【字義】ソ。囎唹《ソオ》は，鹿児島県曽於《ソオ》郡の旧称。

【Unicode】56CE

ワンポイント　この字を用いた地名「囎唹《そお》」は、語源が「熊襲《くまそ》」の「ソ」とされ、平安時代から「囎唹（郡）」「贈於」などと記されていました。これらの口偏の意味は様々に解釈されてきましたが、戦後にそれを取る運動が起きて、「曽於」に変わりました。

岻

【大漢和番号】8017
【部首】山
【総画数】8
【地域音訓】シ
【字音】ジ・ニ／テイ・タイ
【字義】1山名。2縞岻は，山名。
【出典】集韻
【Unicode】5CBB

ささひろ・ポイント

この字はＪＩＳ漢字の第２水準に入っていますが、地名の資料である『国土行政区画便覧』に現れたことだけを根拠として採用された字でした（142ページ）。それが琉球王国時代からある沖縄県浦添《うらそえ》市「沢（澤）岻《たくし》」です。

この地名から小学校の名や姓にもなっており、「さわし」と読ませる姓もあります。近年、ある芸能人がこの「たくし」が本名だと明かした際には、珍しくて難読だと話題になりました。「岻」と同じ音で一般的な漢字に変えた「沢紙」や「沢志」という姓もあるほか、「山偏《やまへん》に氏」という誤植も見られます。

矼

【大漢和番号】24044
【部首】石
【総画数】8
【地域音訓】はし
【字音】コウ／ク
【字義】[1]❶とびいし。いしばし。石を水中にとびとびにならべて，渡ることができるようにしたもの。通じて杠［コウ／コウ・ク］〖大 14481　[1]①よこぎ。牀前の横木。②はたざお。③こばし。(略)〗と書く。❷堅いさま。[2]すなおでまことあるさま。また，たしか。
【出典】集韻
【Unicode】77FC

ワンポイント　「比謝矼」と書いて「ひじゃばし」と読ませるなど、この字を「はし」と読んで用いる地名が沖縄の読谷村《よみたんそん》などに集中して存在しており、そこからＪＩＳ第２水準の漢字に採用されました。

琉

【大漢和番号】20978
【部首】玉
【総画数】10
【地域音訓】リュウ
【字音】リュウ・ル
【字義】❶琉璃は，玉の名。るり。瑠〔リュウ・ル〕〖大21143〗に同じ。❷琉球は，国の名。流〔リュウ・ル〕〖大17431〗に通じる。
【参考】この字の旁〔つくり〕は、六画。旧本［大漢和辞典の前の版のこと］、七画に列するは誤。今、正す。
【出典】集韻
【Unicode】7409

■熟語
【琉球】《リュウキュウ》 国の名。今の琉球列島にあった。隋書は流求と書き、元史は瑠求と書く。【琉璃】《リル》 梵語 Vaidurya の音訳。❶七宝の一つ。青色の宝玉。青金石。ほかに白・赤・黒・緑・紺・紅などの種類がある。瑠璃。流離。❷ガラスの古称。❸川の名。古の聖水。（略）
この他、23の熟語がある。

ささひろ・ポイント

この字は「琉球」という熟語として教科書でもよく見掛けます。「リュウキュウ」は、古くは中国の正史『隋書《ずいしょ》』に「流求」として現れました。これは台湾の辺りを指すとされています。これらの二字は畳韻《じょういん》（漢字の熟語で同じ韻を重ねたもの）のような語を表記する音訳（当て字）であり、「琉球」「留求」などとも書かれ、次第に沖縄も含まれるようになっていきます。「琉」はもともとは「瑠」の異体字でしたが、「琉球」がもっぱら沖縄を指すようになると、「琉歌」のように「琉」だけで沖縄を表すようになります。

この字を新生児の名付けに用いたいという声が沖縄などからあがり、平成九年［一九九七］に当時の下稲葉耕吉《しもいなばこうきち》法務大臣の鶴の一声で人名用漢字に追加されました。やはり沖縄での使用率が群を抜いていますが、全国的にみても名付けにおいて人気の字となっています。

おまけ漢字

本書に掲載した方言漢字以外にも、全国にまだまだたくさんの方言漢字が存在します。「ささひろポイント」でふれた方言漢字や、載せきれなかった方言漢字の一部をもう少し詳しくご紹介します。

杤

【地域音訓】とち　国字。とち。樹木の名。多く深山に生ずる落葉喬木。一説に、とち（十千）すなわち万と木との合字という。栃と同じ。↓34㌻　大漢和番号 14488　Unicode 6764

⿰土尽

【地域音訓】まま　「壗」の略字。「盡」の部分を「尽」と書いたもの。↓49㌻
Unicode 212E4

湗

【地域音訓】ふけ　字音はホウ・フ。ふかいどろを意味する。↓53㌻
大漢和番号 17837　Unicode 6E57

⿱山川

【地域音訓】ほき　鳥取県や岡山県に見られる。「ほき」は崖を意味する方言。↓61㌻
Unicode 21D45

膤

【地域音訓】ゆき　国字。熊本県の地名として大漢和辞典に掲載。↓73㌻
大漢和番号 補 247　Unicode 81A4

⿰氵峷

【地域音訓】どんど　福井県に見られる。「⿱山洋」とも書く。四種のパーツからなる字は珍しい。「どんど」は用水路などを表す古い方言で、水が流れる「どうどう」などのオノマトペから。↓74㌻

嶝

【地域音訓】さこ　おもに和歌山県に見られる。「さこ」は谷の意。字音はトウ、小さい坂や坂道の意で、平安時代から「さか」の訓があった。↓93㌻　大漢和番号 8482　Unicode 5D9D

畬

【地域音訓】あらく　東京都に見られる。字音はヨ・シャ、開墾して二年から三年経た田の意。異体字に「畭」（106㌻）。大漢和番号 21860
Unicode 756C

圣

【地域音訓】ケイ　おもに熊本県で「軽」の略字として駐車場などで見られ、山下真理氏、茂木俊伸氏の論考がある。字音はコツ・コチ／セイで、精出して耕す意。中国では「聖」の簡体字。↓123㌻　大漢和番号 4873　Unicode 5723

参考文献：笹原宏之編著『方言漢字事典』（研究社、二〇二三）ほか

字の筆順

凡例で述べた通り、字の筆順（書き順）に決まったものはありません。昭和三十三年（一九五八）に文部省（現・文部科学省）が「指導上の不統一を解消したいと考え」、「同一構造の部分はなるべく同一の筆順に統一するという観点」から『筆順指導の手びき』を発行したのが、唯一の公的な指針といわれています（すでに失効）。

ただ、この手引書の「本書のねらい」の末尾には「本書に示される筆順は、学習指導上に混乱を来さないようにとの配慮から定められたものであって、そのことは、ここに取りあげなかった筆順についても、これを誤りとするものでもなく、また否定しようとするものでもない。」と記されており、決して唯一無二の筆順が示されたわけではないことがわかります。

本書は「方言漢字」を書いてみようという本ですが、なぜ筆順が示されていないのかという理由は右記によります。とはいえ、何らかのヒントが欲しいという読者のために、この『筆順指導の手びき』から、筆順についてのポイントと、部首として出てくる漢字の筆順例をまとめます。

正確に書くというより、それぞれの土地で長く使われてきた漢字を書けたらいいな、というくらいの気持ちで、なぞり書きとお手本を見ながらの運筆にチャレンジしてみてください。

筆順の原則

大原則1　上から下へ

大原則2　左から右へ

原則1　横画が先（横画と縦画とが交差する場合は、ほとんどの場合、横画を先に書く。例：計／圧／七）

原則2　横画が後（横画と縦画とが交差した時は、次の場合に限って、横画を後に書く。例：田／王）

原則3　中が先（中と左右があって、左右が一、二画である場合は、中を先に書く。例：小／赤／承）

原則4　外側が先（囗［くにがまえ］のように囲む形をとるものは先に書く。例：国／同／内／司）

原則5　左払いが先（左払いと右払いとが交差する場合は、左払いを先に書く。例：文／人）

原則6　貫く縦画は最後（字の全体を貫く縦画は、最後に書く）

原則7　貫く横画は最後（字の全体を貫く横画は、最後に書く）

原則8　横画と左払い（横画が長く、左払いが短い字では、左払いを先に書く。例：右／有／布など　横画が短く、左払いが長い字では、横画を先に書く。例：左／友／在など）

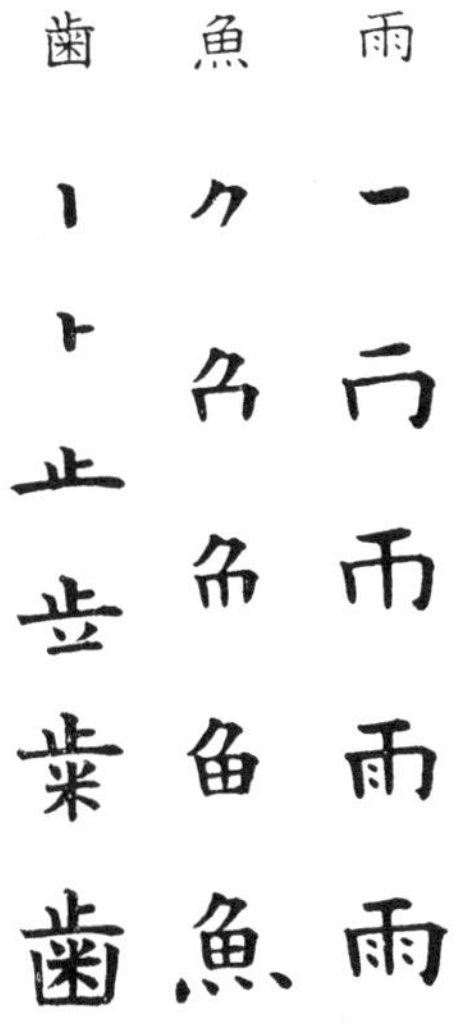

手書きのポイント

文字を手書きする場合、トメ・ハネ・長さ・点などをどう書くか気にされる人も多いかと思いますが、漢字には書いてもよい字形、むしろこう書くのが自然である字形（「常用漢字表」「表外漢字字体表」などによる）などがあり、印刷された字形やディスプレイに表示される字形通りに書かなくてはならないということは全くありません。本文に記したものの他の例を示します。

漢字	手書きのポイント	手書きの例
寒	下の点はにすい（冫）でも可	寒 寒
日	「春」などの「日」の部分は中の横線は左についていればよい	春 春
門	右側のタテ線は、はねてもはねなくても可	門 門
遂	旁《つくり》の書き出しは「八」でも可	遂 遂
風	中の「ノ」は「一」でも可	風 風

漢字	手書きのポイント	手書きの例
食偏	「飠」ではなく「𩙿」でも可	飢 飢
観	左上の「艹」は「サ」のように三画でも可	観 観
彑	「彐」でも可	縁 縁
黒	「黒」でも可	黒 黒
鼻	「鼻」でも可	鼻 鼻
免	「免」＋「丶」でも可	免 免
専	「專」でも可	専 専
龍	一画目の「丨」は「丶」や「一」でも可	龍 龍

索引

部首索引

総画索引

音訓索引

あ

か

さ

読み	漢字
シャ	咋 59　蛼 68　鮓 86
ジャ	鮓 86
シャク	咋 59
ジャク	咋 59　汐 67
しゃち	鯱 76
シュ	淞 96
シュウ	鰍 65　卅 66
ショウ	湘 48　淞 96
ショク	稙 125
シン	鵤 17　罧 84　鷆 88　讃 109
ズ	跿 33　蓼 97　酘 119
すくも	糘 101　粭 104　蒅 107
すけと	鯳 54
ずさ	橲 30
すし	鮓 86
せき	汐 67
セキ	汐 67
せこ	逧 95
セン	擶 26　湶 58
ソ	噌 132
ソウ	匝 41　湘 48　卅 66
そうけ	笽 57
そね	埇 113

た

読み	漢字
そり	轌 21
タイ	岻 133
たお	嶍 99　乢 98　垰 103
たぶ	椨 116
たま	擶 26
たら	樰 69
たる	楅 73
たわ	峠 42　嶍 99　乢 98　垰 103
タン	椴 9
ダン	椴 9
チ	時 15
チキ	稙 125
チョク	稙 125
チン	砧 44
ツ	酘 119
つつじ	榴 19
つる	寉 25
テイ	岻 133
テン	鷆 88　沺 108
デン	鷆 88　沺 108
ト	跿 33
と	砺 56

読み	漢字
トウ	墱 29　蓼 97　梼 114　酘 119　塘 121
ドウ	蓼 97　嫐 122　塘 121
どき	閧 45
トク	犢 43
ドク	犢 43
とち	栃 34　櫔 35
とど	椴 9　魹 16
とも	塘 121

な

読み	漢字
なぎ	彅 20　椥 82　湘 91　啝 124
なた	屶 23
ナン	娚 60
ニ	岻 133
ぬかり	垬 28
ぬた	垈 63　汢 112
ぬで	橳 37
ノウ	娚 60　嫐 122

は

読み	漢字
バ	嗎 83
ハイ	配 40
はえ	榏 126
はけ	岾 38
はし	矼 134
はす	鰣 62

読み	漢字
はたはた	鰰 22
ハチ	朳 115
ハツ	朳 115
はなわ	塙 32
はね	跿 33
はり	畭 106
ハン	阪 85
バン	阪 85
ヒ	琵 79
ビ	琵 79
ひがい	鰉 80
ひで	椣 90
ひばり	鸙 129
ひめ	媛 110
ヒョウ	峠 42　嵭 61
ビョウ	峠 42
フ	阜 70　鯆 111
ブ	阜 70
フウ	阜 70
ふけ	瀁 53
ふし	罧 84
ブチ	茀 27
フツ	茀 27
べ	時 15

行	読み	漢字・ページ
	ヘチ	杁 115
	ヘツ	杁 115
	へつり	峅 27
	ホ	鯆 111
	ホウ	嵭 61
	ぼく	濹 46
	ボク	濹 46
	ほくそ	樉 92
	ほっけ	魹 10
	ほり	湟 78
	ほろ	袰 13
	ホン	阪 85
	ポン	椪 126
ま	ま	鋺 75
	まま	圸 24 墱 29 壗 49 壗 72
	みさご	鶚 17
	めおと	娚 60
	めばる	鮴 102
や	ヤク	鶸 129
	やじ	萢 12
	やち	萢 12
	やつ	萢 12
	やま	岾 38

行	読み	漢字・ページ
	やん	袰 13
	ユ	埇 113
	ユウ	狆 47
	ゆす	梼 114
	ゆずり	棡 64
	ゆり	閖 18 岼 87
	ヨ	畭 106 飫 127
	ヨウ	瀁 53 埇 113
	ヨク	檍 128
ら	ラク	洛 81
	リュウ	榴 19 琉 135
	リン	罧 84
	ル	琉 135
	レイ	栃 34 櫔 35 砺 56
	ロウ	咾 117
わ	ワ	啝 124
	わさ	稙 125
	わなん	嫐 122

ささひろ・ポイント

「ＪＩＳ漢字」とは、電子機器で日本語を処理するため日本産業規格（ＪＩＳ）で定めた漢字の通称です。ＰＣやスマホなどに入力した字がきちんとやりとりされるように、漢字にコードを付与したわけですが、この制定にあたっては、地名や人名で使われている漢字を幅広く拾い上げる方針が取られました。「方言漢字」もたくさん採用されました。

地名の典拠となったのは国土地理協会編『国土行政区画総覧』で、大字・町名から小字・通称まで、日本国内で人の住んでいる行政地名を収録したものです。ここから「国土行政区画総覧使用漢字」（以下「国土」）として一八五字がＪＩＳ漢字に採録されました。

方言漢字は地名と深く結びついているものが多くあります。「国土」の漢字表から採録された漢字をご紹介しましょう。色字は本書で取り上げている方言漢字です。

◇「国土」のみに見られる字

伮儖咾哘啝啌圸垈
坿垉垳垰埖埒堋塰
堽墫壗壚夘娵嫐男
妛岾峅岼岻峇峺峪
峩崙嵶嶐嶝抻挧掎
掵掫搶揩擶播晞暃
朁朸朷枌枅档桍桙
柧梼梍梺椪棯椨椥
椢榜椌棡棆椣椡楴
槗槞樢樉榑樢樌樶
橦榀檍櫑殕汢汳沺
泙淌淕満湫犹猯珸
畉畩畭畤皀皈砡砿
砠硴碚碵磑礇秬稸
笂笶筝筰筱筺篶粐
粭粫粨糘綛緤罧胐
膤舮艝苙茖葹萢萇
萓菻蒄莿葮蘢蘓藾
蟶袮軅軈轌迚逧遒
酘釼釛鈚鈩釿鉐鍄
鏥鐇閖閠陦靹頚駮
鬮鮖鮴鯏鯆鯒鯲鰄
鰔鳫鳰鵇鵈鵣鶚鷆
麸

参考文献：『ＪＩＳ漢字字典』池田証壽氏コラムほか

［編著者］
笹原宏之（ささはら　ひろゆき）
一九六五年、東京都生まれ。早稲田大学社会科学総合学術院教授。博士（文学）。早稲田大学文学研究科修了後、国立国語研究所主任研究官等を経て現職。二〇〇七年第三十五回金田一京助博士記念賞受賞、二〇一七年第十一回立命館白川静記念東洋文字文化賞優秀賞受賞。

主な書著
『日本の漢字』（岩波新書、二〇〇六）、『国字の位相と展開』（三省堂、二〇〇七）、『漢字の現在』（三省堂、二〇一一）、『方言漢字』（角川選書、二〇一三・角川ソフィア文庫、二〇二〇）、『漢字に託した「日本の心」』（NHK出版新書、二〇一四）、『漢字の歴史』（ちくまプリマー新書、二〇一四）、『日本人と漢字』（集英社インターナショナル、二〇一五）、『謎の漢字』（中公新書、二〇一七）、『漢字ハカセ、研究者になる』（岩波ジュニア新書、二〇二二）、『なぞり書きで脳を活性化　画数が夥しい漢字121』（大修館書店、二〇二三）、『方言漢字事典』（研究社、二〇二三）、『美しい日本の一文字』（自由国民社、二〇二四）ほか。

なぞり書《が》きで脳《のう》を活性化《かっせいか》
知《し》る人《ひと》ぞ知《し》る方言漢字《ほうげんかんじ》128

NDC811/142p/24cm

初版第一刷——二〇二四年七月二十日

編著者——笹原宏之《ささはらひろゆき》
発行者——鈴木一行
発行所——株式会社　大修館書店
〒一一三-八五四一　東京都文京区湯島二-一-一
電話03-3868-2651（営業部）
03-3868-2299（編集部）
振替00190-7-40504
［出版情報］https://www.taishukan.co.jp

デザイン——井之上聖子
印刷所——TOPPANクロレ株式会社
製本所——TOPPANクロレ株式会社

ISBN978-4-469-23289-9　Printed in Japan

最大64画の漢字を書けますか？

なぞり書きで脳を活性化
画数が夥しい漢字121

笹原宏之 編著
Ｂ５変型判・１２８頁
定価１９８０円（本体１８００円＋税１０％）

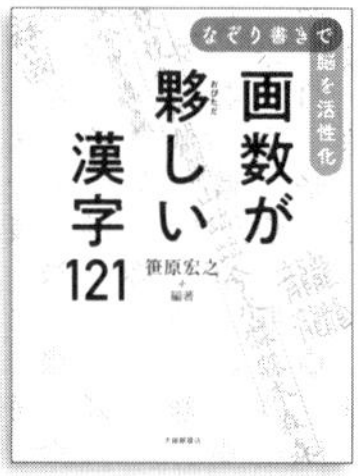

世界最大の漢和辞典編纂の歴史をたどる
『大漢和辞典』の百年

池澤正晃 著
Ａ５判・２６０頁
定価３７４０円（本体３４００円＋税１０％）

医学用語の「不思議」を漢字からひもとく
医学をめぐる漢字の不思議

西嶋佑太郎 著
四六判・２３２頁
定価２４２０円（本体２２００円＋税１０％）

生活にいきづく漢語の知られざる魅力を探る
身近な漢語をめぐる

木村秀次 著
四六判・２４０頁
定価２４２０円（本体２２００円＋税１０％）

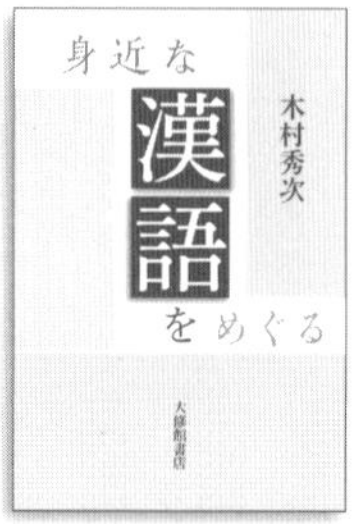

漢字三千年史の萌芽を語る
甲骨文の話

松丸道雄 著
四六判・２４０頁
定価１９８０円（本体１８００円＋税１０％）

デザイナーの視点で切り込んだ、漢字クイズの新機軸！
この字なんの字不思議な漢字

馬場雄二 著
四六判・１２８頁
定価１３２０円（本体１２００円＋税１０％）